RAPPORT

SUR LA

FONDATION D'AUBIGNY

1929.

Ce **MÉMOIRE**, *de caractère strictement <u>confidentiel,</u>*

n'est en aucune façon destiné à la publicité.

DÉCLARATION PRÉLIMINAIRE

Le baron d'Aubigny, soucieux du maintien, après sa mort, des œuvres d'intérêt religieux — presbytère et écoles — qu'il avait établies ou entretenues dans ses vastes domaines, résolut de transmettre la propriété de ces domaines à des héritiers disposés à entrer dans ses intentions pieuses, et offrant toutes les garanties d'honneur lui assurant l'accomplissement fidèle de ces intentions.

Il s'adressa à la famille de Charette.

En recueillant, d'Alain de Charette et de Pierre, son plus jeune fils majeur, héritier en titre, l'héritage d'Aubigny, les frères et sœurs de Pierre de Charette, qui en bénéficiaient, reconnurent l'engagement d'honneur qu'ils contractaient en même temps, de réaliser fidèlement les intentions de leur bienfaiteur.

D'un commun accord, une part des domaines fut distraite de la masse pour être consacrée, spécialement et exclusivement, au maintien des œuvres confiées à la famille. Elle fut remise à l'un de ses membres, à la condition — qu'il accepta — de s'acquitter, au nom de la famille, de la dette commune de justice et d'honneur.

Ainsi, François de Charette, l'aîné, reçut, en plus de sa part, un lot préciputaire hors part, qui fut proprement la part des œuvres.

L'administration des ayants droit de ce mandataire, tué sur le front en 1916, vit se réaliser rapidement l'abandon progressif des œuvres et leur ruine, avec l'aliénation partielle du lot des œuvres, que M. Alain de Charette qualifiait justement de « dépôt sacré ».

Or, ce lot des œuvres — de plus de 225 hectares — existe toujours dans son ensemble et fournit ses revenus, qui ne sont plus appliqués aux œuvres et devraient servir à leur maintien ou à leur relèvement.

Lorsque les ayants droit du mandataire laissaient tomber les écoles et aliénaient une partie des terres, lorsqu'ils se proposaient en même temps — comme ils se proposent encore — de transmettre la charge des œuvres à l'ensemble de la famille, tout en conservant la propriété du lot des œuvres, en restituant à peine le quart de sa valeur, la famille de Charette n'avait-elle pas et n'a-t-elle pas le droit et le devoir de protester *contre cette violation de ses engagements communs les plus sacrés par les mandataires, et contre cette usurpation de droits d'héritage indiscutables ?*

Elle l'a fait, mais sans être soutenue comme elle avait le droit de l'espérer.

Elle le fait encore, avec confiance que lumière sera faite et justice rendue.

Les cohéritiers de François de Charette ne peuvent et ne doivent accepter cette impossibilité matérielle où l'on prétend les réduire, de faire face à leurs obligations, alors que le « lot des œuvres », constitué par eux-mêmes à cet effet, peut encore et doit en fournir tous les moyens.

Aux yeux de leur propre conscience, une question de stricte justice est en jeu: ils demandent que leur droit commun d'héritage sur le lot des œuvres, distrait de sa destination essentielle, soit reconnu effectivement.

Mais c'est aussi et surtout une question d'honneur, liée aux intérêts évidents de la religion, qui s'impose à leur respect des traditions: ils ont le moyen, fourni par eux-mêmes, et confié à leur mandataire, de faire honneur à une dette sacrée. Ce moyen subsiste, par le lot des œuvres, ou sa valeur réelle et actuelle. Personne n'a le droit de le détourner de sa fin.

On a pu attribuer aux efforts de la famille de Charette, pour sauver les œuvres de la ruine et pour obtenir justice, des intentions obliques impossibles à prouver, et pour cause. Ces insinuations puériles ne méritent même pas ces trois lignes de mention.

Le présent Mémoire représente simplement la volonté de la famille de Charette de respecter les intentions sacrées de ses bienfaiteurs, et de sauvegarder ses traditions d'honneur en défendant la cause juste que la Providence lui a confiée.

Charles DE CHARETTE.

TABLE DES MATIÈRES

Deuxième Partie. — EXAMEN DU DÉBAT ET CONCLUSIONS

I. — Droits et obligations des parties.

II. — Le " Pacte de famille ".

III. — Les Ordonnances épiscopales.

IV. — Conclusions

(La table détaillée des DOCUMENTS sera donnée à la suite de ceux-ci, à la fin du volume).

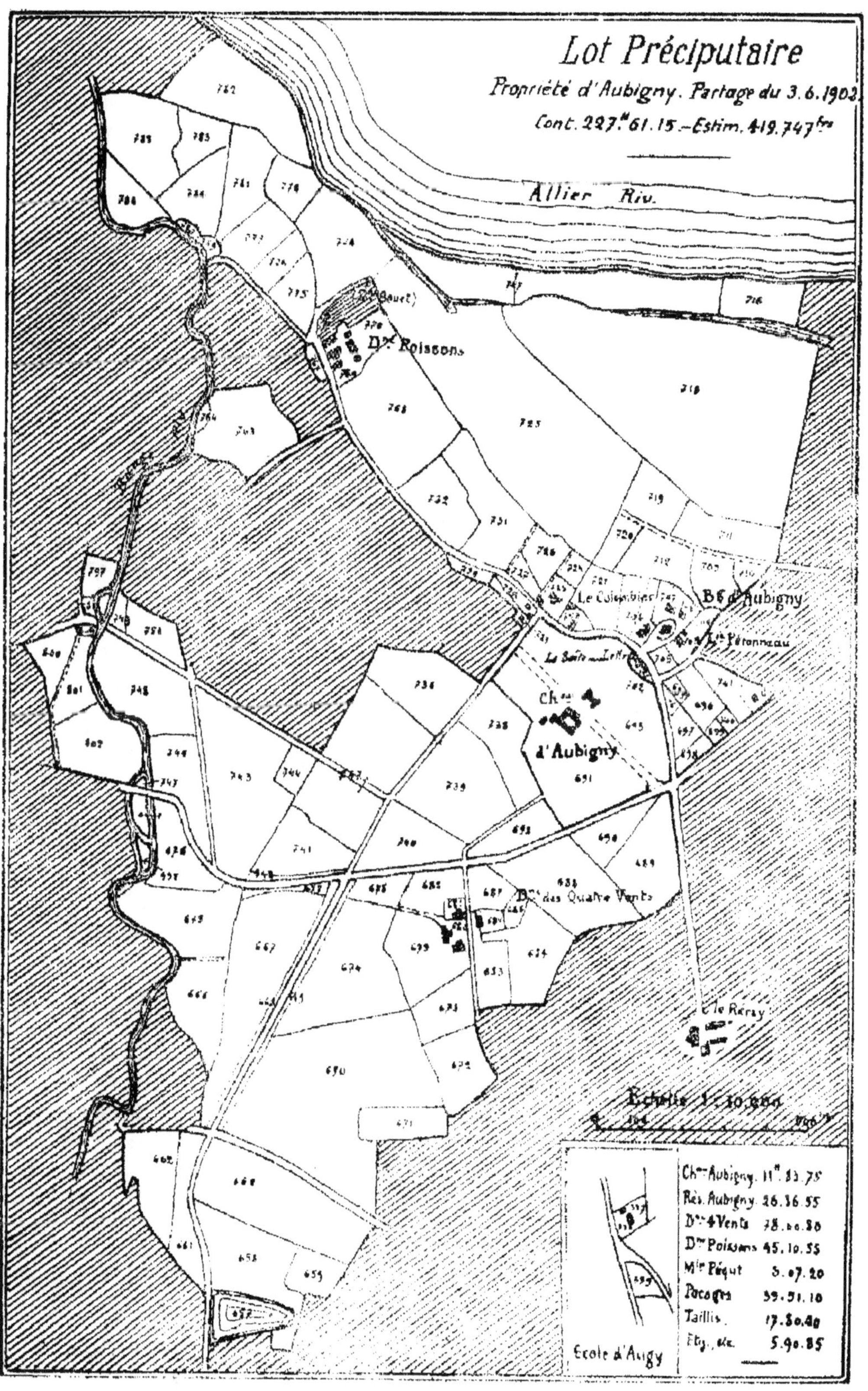

Lot Préciputaire
Propriété d'Aubigny. Partage du 3.6.1902
Cont. 227.ᵐ 61.15 - Estim. 419.747ᶠʳ
Allier Riv.
Dᵐᵉ Poissons
Le Colombier
Bᵍ d'Aubigny
Le Pétonneau
La Sente aux Lièvres
Chᵘ d'Aubigny
Bᵈᵉˢ des Quatre Vents
le Reray
Échelle 1:10.000
Chᵘ Aubigny
Rés. Aubigny
Dᵐᵉ 4 Vents
Dᵐᵉ Poissons
Mⁱⁿ Péqut
Pacages
Taillis
Étg. etc.
Ecole d'Augy

PREMIÈRE PARTIE

Historique du Lot des Œuvres

I. — ORIGINE. — PREMIÈRE PÉRIODE

CHAPITRE PREMIER

LES ŒUVRES ET LE TESTAMENT DU BARON D'AUBIGNY

Pour bien comprendre toute l'histoire de la succession du baron d'Aubigny, ainsi que le caractère impérieux et l'étendue des charges de bienfaisance qui la grèvent, et d'où résulta le " Lot des œuvres ", il convient de rappeler tout d'abord que ces mêmes charges furent assumées délibérément par le baron d'Aubigny jusqu'à sa mort, et représentent ses plus chères intentions.

§ 1er. — LES ŒUVRES DU BARON D'AUBIGNY

Le baron d'Aubigny d'Uberherrn, camérier secret de cape et d'épée de Sa Sainteté, Commandeur du Saint-Sépulcre, ancien zouave pontifical, fut un grand bienfaiteur de l'Eglise.

Il possédait dans le département de l'Allier, sur les communes d'Aubigny, de Couzon, de Saint-Léopardin-d'Augy, une importante propriété de plus de 2.128 hectares, composée de vingt-six fermes, trente petites fermes ou maisons, tout le village d'Aubigny et quatre châteaux ou grandes habitations.

Son souci constant fut d'utiliser une partie des revenus de ces domaines à faire régner dans toute la contrée l'esprit chrétien, par la fondation, dotation ou entretien d'églises, de presbytères, d'écoles libres; et il y réussit au point que la propriété d'Aubigny fut appelée dans la région " La Terre Sainte ".

A Aubigny, il fit réparer l'église, construisit la nouvelle cure, à laquelle il adjoignit un enclos de terres, prés et vignes. — A Augy, il fit édifier une nouvelle église, réparer la cure et la dota de terres, prés et vignes ; il fit construire une école libre pour les filles, une autre pour les garçons, adjoignant à l'une et à l'autre un enclos de terres, jardin et vignes. — A Couzon, il fit entièrement restaurer l'église et la cure, qu'il dota d'un pré de 2 hectares 20 et d'une vigne ; il aménagea l'école libre des filles.

Toutes les écoles libres de ces villages furent meublées, pourvues de linge, de literie et de tous les objets et ustensiles nécessaires à la vie usuelle.

Le même souci des intérêts religieux et moraux de la classe paysanne le fit encore subventionner les écoles de tout le voisinage, comme celles de Bourbon-l'Archambault, Lurcy-Lévy, Franchesse, Pouzy, Bagneux, Saint-Plaisir, Saint-Menoux. De sorte que la création, le maintien, la prospérité des écoles libres apparaissent avec évidence comme le souci constant et l'œuvre fondamentale du baron d'Aubigny.

§ 2. — Le Testament du Baron d'Aubigny

Sur la fin de ses jours, le baron d'Aubigny se montra de plus en plus préoccupé d'assurer la continuité de ses œuvres. Un témoin aussi qualifié qu'irrécusable de ces dispositions est M. le chanoine Chenillat, ami et confident du baron, et actuellement curé-doyen de Cusset.

M. d'Aubigny n'ayant pas la certitude que ses héritiers naturels entreraient dans ses vues et maintiendraient intégralement ses fondations, songea à leur substituer quelqu'un qui continuerait, sur ses terres et avec leurs ressources, les œuvres qu'il entendait perpétuer.

Il pensa d'abord au duc de Parme, en faveur duquel il avait rédigé, dès le 28 juin 1890, un testament où il l'instituait légataire universel. Mais ayant reconnu l'impossibilité morale d'imposer au prince les conditions et charges que devait comporter sa succession, il révoqua, en 1898, le testament susdit et choisit comme héritiers M. Alain de Charette et le plus jeune fils majeur de celui-ci, Pierre de Charette, certain de trouver dans les traditions de cette famille les garanties qu'il désirait et que le rang du duc de Parme ne permettait pas de lui demander.

Dans son nouveau testament, le baron d'Aubigny instituait M. Alain de Charette son légataire universel. Il lui cédait l'usufruit de toute sa terre d'Aubigny, dont la nue-propriété était attribuée à Pierre de Charette.

Mais pour ne point risquer de faire passer ces héritiers de son choix comme personnes interposées, il ne put exprimer, comme condition formelle, le maintien de ses œuvres. Il dut se contenter d'une formule de désir. Mais ce désir n'était que la traduction d'une volonté formelle, bien connue d'ailleurs de tous ses amis et confidents — de M. le chanoine Chenillat tout spécialement — et de ses principaux héritiers.

Ces intentions très nettes du baron d'Aubigny furent donc ainsi formulées dans son testament (1) :

« Je prie mon légataire universel et son fils, qui auront tous les deux la terre d'Aubigny, de conserver à mes cures et écoles l'affectation spéciale que je leur ai donnée.

____

(1) Doc. n° 1.

« Je désire aussi qu'ils remettent chaque année aux Frères et Sœurs qui dirigeront lesdites écoles, et pour leur faciliter leur mission, les sommes suivantes : Aux Sœurs d'Aubigny, MILLE FRANCS; aux Sœurs d'Augy, MILLE QUATRE CENTS FRANCS; aux Frères d'Augy, DEUX MILLE QUATRE CENTS FRANCS; aux Frères de Bourbon, MILLE FRANCS; aux Frères de Lurcy-Lévy, MILLE FRANCS; aux Sœurs de Franchesse, MILLE FRANCS; aux Sœurs de Couzon, MILLE FRANCS; aux Sœurs de Pouzy, MILLE FRANCS; aux Sœurs de Bagneux, DEUX CENTS FRANCS; aux Sœurs de Saint-Plaisir, DEUX CENTS FRANCS; aux Frères de Saint-Menoux, DEUX CENTS FRANCS... ».

De ces deux dispositions, complémentaires l'une de l'autre, il résulte :

1° Que M. Pierre de Charette était réellement et légitimement propriétaire de la terre d'Aubigny, *au fond;*

2° Que cet héritage était grevé d'une obligation stricte, d'honneur et de conscience, comportant deux charges distinctes :

a) Pour les immeubles: conserver à leur affectation spéciale les cures et écoles établies sur cette terre par le baron, ce qui entraîne leur entretien en bon état et une servitude certaine tant que les œuvres *peuvent* subsister;

b) Pour les personnes: le service aux directeurs et directrices de toutes les écoles désignées par le testateur d'une rente équivalant à un total de 10.400 francs.

Il faut noter que cette somme, jointe au revenu des terres spécialement affectées aux écoles, était suffisante pour les faire subsister, du moins pour celles de la propriété, dans les conditions de vie de l'époque.

CHAPITRE II

DÉCÈS DU BARON D'AUBIGNY. — ATTAQUE DE SON TESTAMENT

Le jeudi 17 novembre 1898 mourait, en son château, le baron d'Aubigny.

M. Alain de Charette et son fils entrèrent immédiatement dans sa succession.

Mais les volontés pies du baron étaient si connues que ses héritiers naturels, MM. de Saint-Gilles et de Janzé, n'hésitèrent pas à attaquer le testament, avançant que M. Alain de Charette n'était qu'une personne interposée, chargée de maintenir les œuvres pies du testateur (1).

Le tribunal de Moulins avait bien rendu déjà, en faveur de M. Alain de Charette, un jugement que ratifia la Cour d'appel de Riom.

---

(1) Ils faisaient valoir que le baron d'Aubigny, « dominé par l'influence des ecclésiastiques qui l'entouraient, a cru racheter ses fautes par des dons secrets au profit d'établissements religieux. Ces libéralités n'étaient que la continuation de celles du même genre, que M. le baron d'Aubigny avait faites pendant sa vie, soit ouvertement, soit en les déguisant sous la forme de contrats à titre onéreux ». (Conclusions de M° Damour, avoué à Moulins, en date du 6 février 1900).

Mais les héritiers naturels, menaçant de porter l'affaire devant le Conseil d'Etat, et leurs raisons n'étant pas sans valeur, M. Alain de Charette, pour sauvegarder plus sûrement l'essentiel des volontés du testateur, offrit aux héritiers naturels une transaction, moyennant la somme de 300.000 francs.

Il résulte donc de tout ce qui précède, à savoir :

a) Des témoignages recueillis de la bouche même des témoins qualifiés et des héritiers ;

b) Des dispositions testamentaires de M. d'Aubigny, conformes aux intentions et volontés manifestées par les actes mêmes du baron ;

c) Du procès entamé par les héritiers naturels et de la transaction consentie par M. Alain de Charette :

1° Que la préoccupation dominante et la raison décisive du baron d'Aubigny, en transmettant sa fortune à la famille de Charette, furent d'assurer la vitalité de ses œuvres ;

2° Que la famille de Charette ne possède légitimement la terre d'Aubigny qu'à la condition de perpétuer les œuvres du testateur.

C'est bien ainsi que les membres de la famille de Charette ont toujours compris la nature de leurs obligations d'héritiers, comme vont le prouver leurs actes et leurs écrits.

CHAPITRE III

MORT DE PIERRE DE CHARETTE

Le baron d'Aubigny avait vu dans la jeunesse et le caractère de Pierre de Charette une première assurance de longue sécurité pour l'accomplissement de ses volontés. Malheureusement, Pierre de Charette mourut d'un accident de chasse, le 9 septembre 1901, trois ans à peine après le baron d'Aubigny.

Ses frères et sœurs devinrent, aux termes de la loi, cohéritiers de la nue-propriété, au même titre que leurs parents. Mais ce fait entraîna, avec le morcellement de la terre d'Aubigny, une répartition compliquée des charges relatives aux œuvres et préjudiciable à leur développement normal.

Tous les enfants de M. Alain de Charette connaissaient ces charges. Devenus juridiquement cohéritiers de la terre d'Aubigny, ils se savaient devenus solidairement responsables des obligations attachées à cet héritage. Soucieux d'employer le meilleur moyen pratique de réaliser les dernières volontés du baron d'Aubigny, ils renoncèrent, de leur plein gré, à leur part de succession, en faveur de leurs parents, afin de permettre à ceux-ci de mieux faire face aux communes obligations de la famille.

La seule et unique raison d'être de cette *renonciation*, dans l'esprit de ceux qui la consentaient, était de faciliter le maintien des œuvres par la constitution d'un capital en biens-fonds, permanent et inaliénable, pour autant qu'il resterait la garantie des œuvres subsistantes.

La renonciation des enfants entraînait donc comme contre-partie rigoureuse, de la part des parents qui l'acceptaient, le devoir de réaliser exactement les volontés pieuses du baron d'Aubigny et d'employer les moyens propres à assurer cette réalisation.

De plus, cette renonciation faite par tous les enfants à leurs droits égaux à la succession de leur frère interdisait aux parents de faire, dans les partages et arrangements futurs, *un avantage quelconque* à l'un d'eux; et elle ne retirait pas aux enfants le droit et le devoir de veiller, le cas échéant, au respect des volontés de leur bienfaiteur, confiées à la garde de la famille.

CHAPITRE IV

TESTAMENTS PROVISOIRES DE M. ET DE Mme ALAIN DE CHARETTE

M. et Mme Alain de Charette, soucieux d'éviter les difficultés qui pourraient naître de leur propre succession, notamment en ce qui concernait le mode de maintien des œuvres du baron, résolurent, après échanges de vues entre les intéressés et de l'avis d'hommes compétents, de faire le *partage anticipé* de la terre d'Aubigny entre leurs enfants.

Mais comme la mise au point de ce projet demandait plusieurs mois, M. et Mme Alain de Charette, dans la crainte de disparaître pendant cette période, firent chacun un *testament provisoire*, où serait prévu le moyen d'assurer la continuité des œuvres.

Ces testaments devaient devenir caducs, dès que serait rédigé, accepté et signé l'Acte de « donation à titre de partage anticipé », ainsi qu'en fait foi une lettre explicative de M° Sabatier, notaire, en date du 14 mai 1906 (1).

Dans ces deux testaments, le moyen choisi et accepté par tous de sauvegarder l'intérêt sacré des œuvres, fut de joindre au lot de l'un des enfants *un lot supplémentaire*, représentant le fonds destiné au maintien de ces œuvres.

C'est ainsi que M. François de Charette reçut un lot beaucoup plus important que ceux de ses frères et sœurs. Telle est l'origine du lot préciputaire hors part, dont il sera question au chapitre suivant.

La raison de cet avantage apparent attribué au fils aîné ne fut pas exprimée dans le texte des testaments, par raison de prudence. Nous la retrouvons seulement consignée dans un acte dont le projet a été conservé. Ce projet, ni daté, ni signé, provient de l'étude de M° Sabatier (2).

---

(1) Doc. n. III.

(2) Doc. n. IV. — Nous retrouverons plus loin un acte presque semblable, appelé « pacte de famille », qui nous retiendra assez longuement.

CHAPITRE V

DONATION A TITRE DE PARTAGE ANTICIPÉ (3 Juin 1902)

L'acte appelé " Donation à titre de partage anticipé ", conforme à la résolution prise par M. et Mᵐᵉ Alain de Charette, fut signé par leurs enfants, le 3 juin 1902, MM. Richet et Chenillat étant témoins.

Il établit dix lots égaux pour les dix enfants, énumère les parcelles se rapportant à chacun d'eux et distingue un « lot préciputaire hors part », dont la propriété échut, du consentement de tous, à M. François de Charette, qui se trouva ainsi titulaire de deux lots (1).

Ce « lot préciputaire hors part », d'une contenance de 227 hectares 61 ares 15 centiares et d'une valeur de 419.797 francs, est constitué de deux parties bien distinctes :

1° Le « lot des œuvres » (ce sera l'appellation reçue dans la famille), pour les rentes à servir aux écoles, etc., et estimé à . . . .   346.666 fr.

2° La dotation du châtelain d'Aubigny, soit :

    a) Le château, avec parc et dépendances, estimé à . . . .   70.000 fr.

    b) Une part à prendre sur la réserve d'Aubigny et estimée à . . . .   3.163 fr.
                                                73.131 fr.
                                                           73.131 fr.

Ce qui donne un total de . . . .   419.797 fr.

Sur cette division de l'ensemble du lot préciputaire, l'Acte de partage est muet, et pour cause. Mais nous sommes renseignés par les traditions indiscutées de la famille de Charette, dont M. le chanoine Lavignon, curé d'Aubigny, nous est, dans le cas, un témoin fidèle (2).

Evidemment, l'attribution du lot préciputaire à M. François de Charette ne constituait pas, dans son ensemble, un avantage personnel : il correspondait aux charges qu'assumait celui-ci en devenant l'héritier présomptif de son père.

Un fait, entre autres, le montre bien. En 1904, M. Alain de Charette proposa à son fils François d'échanger le lot préciputaire et sa part héréditaire avec la part héréditaire de son frère Charles, qui habitait le pays et pouvait plus facilement conserver intact ce qu'il appelait « un dépôt sacré que Dieu confiait entre ses mains » (3).

---

(1) Doc. n. II.

(2) Nous donnons, dans la partie documentaire, sous le n° V, des notes écrites par M. le chanoine Lavignon, donnant le détail et la valeur de chacune des parcelles du lot préciputaire, et distinguant parfaitement le *lot des œuvres* de la dotation du châtelain d'Aubigny.

(3) Doc. n. VI. — Malheureusement, cette lettre, remise avec les autres documents de la succession à l'Evêché de Moulins, lors de l'affaire 1922-1923, y fut égarée, comme en fait foi la lettre citée aux Documents.

Mme Alain de Charette écrivait à son fils Charles, le 8 juillet 1904, l'engageant à bien réfléchir à ce que lui proposait son père, qui lui avait rappelé et spécifié toutes les obligations de détail attachées au dépôt de famille (1).

Le 16 août 1904, François de Charette écrivait à son frère Charles qu'il consentait à l'échange, Charles de Charette ayant consenti de son côté (2).

Une correspondance s'ensuivit entre le père et ses enfants, où M. Alain de Charette exprimait sa volonté de ne prendre de décision que *lorsqu'il saura tous ses enfants d'accord* (3), et manifestait clairement son idée qu'il n'y a dans le *lot des œuvres* « qu'un dépôt qui doit revenir à la famille à qui Dieu l'a confié, si sa volonté est qu'il n'y reste pas par une succession directe » (4).

L'échange n'eut pas lieu cependant, par suite de l'opposition de Mme François de Charette, qui préféra conserver la charge des œuvres avec toutes ses responsabilités.

Cet épisode prouve au moins, par l'attitude de M. François de Charette, que le lot préciputaire ne comportait aucun avantage matériel appréciable en faveur de son titulaire.

Cependant, dans le lot préciputaire figurait, nous l'avons vu, à côté du *lot des œuvres* proprement dit, une part de 73.131 francs, représentée par le château d'Aubigny et ses dépendances, et qui n'apparaissait grevée d'aucune charge.

On pouvait se demander si cette attribution n'était pas en contradiction avec l'intention et le devoir des parents de n'avantager aucun de leurs enfants, et avec les droits égaux des cohéritiers.

En effet, le 16 novembre 1909, M. Maxence de Charette écrivait à son frère Charles :

« Il faut absolument arriver à savoir à quel titre le château et son entourage ont été donnés à François. Il faut aussi savoir leur estimation exacte, puisque, paraît-il, la somme de 73.131 francs est trop faible. Si, comme M. Sabatier le pense, il y a là pour F [rançois] un avantage non motivé, c'est une raison de plus pour nous de nous opposer à tout remboursement (5) ».

M. Alain de Charette s'expliqua par une lettre circulaire à tous ses enfants, datée du 5 janvier 1910 :

« En assurant à François la possession hors part du château d'Aubigny, je lui ai fait un avantage réel, sans doute, mais gardant à certains points de vue, il faut le reconnaître, un caractère un peu aléatoire.

« Voici d'ailleurs l'impression très vraie, je crois, qui me reste des motifs qui me firent maintenir cet avantage reconnu lors de l'entrevue qui eut lieu à cette occasion entre Me Sabatier, François, son beau-père et moi.

« Malgré mon intention première de ne créer d'avantages pour aucun de mes enfants, cette situation pour François fut arrêtée entre nous et maintenue par moi, par la pensée qui semble trop naturelle, pour que ma mémoire me trompe ici, que sa qualité de successeur du baron et de moi-même pouvait lui créer l'obligation morale de dépenses que n'auraient pas à supporter les autres (6) ».

---

(1) Doc. n. VII.
(2) Doc. n. VIII.
(3) Doc. n. IX.
(4) Doc. n. X.
(5) Doc. n. XI. — Les remboursements dont il est question ici ont trait à une affaire de dots totalement étrangère à celle qui nous occupe.
(6) Doc. n. XII.

Il résulte de tout ceci :

1° Que le total du revenu du *lot des œuvres*, estimé à 10.400 francs (intérêts de 346.666 francs à 3 %), était entièrement réservé au maintien des fondations, le montant du lot et le chiffre du taux, et par suite le chiffre réel du revenu, ayant d'ailleurs été estimés à une valeur minima ;

2° Que M. François de Charette ne pouvait penser à chercher sur ce lot même une compensation à sa charge : cette compensation, il la trouvait dans la possession hors part du château d'Aubigny et de ses dépendances immédiates ;

3° Que si les enfants de M. Alain de Charette avaient pu discuter sur l'avantage représenté par le château et ses dépendances, distrait de la masse et inclus dans le lot préciputaire hors part, ils admettaient la légitimité d'un *lot des œuvres*, uniquement affecté aux fondations. Ils se reconnaissaient, et on leur reconnaissait, sur ce lot, un droit d'héritage fondamental, équivalant pour chacun à un dixième de la valeur *réelle* de la propriété.

CHAPITRE VI

LE PACTE DE FAMILLE. — SON TEXTE

Le 3 juin 1902, le jour même où tous les membres de la famille de Charette signèrent l'Acte de partage anticipé, fut rédigé un acte dit « pacte de famille », — appellation impropre, car l'acte était unilatéral et signé du seul François de Charette, — où il était reconnu expressément que le lot préciputaire, ayant été constitué pour assurer la vitalité des œuvres, était grevé de charges.

Vu l'importance attribuée à ce document par la partie adverse, nous en donnons ici le texte *in-extenso* (1). Nous en discuterons plus loin la valeur juridique et morale, nous analyserons son contenu et nous déterminerons les droits et charges revenant réellement à chacun des intéressés.

« Je soussigné, Marie-Joseph-Gaspard-François-Xavier de Charette de la Contrie, reconnais par ces présentes que Monsieur et Madame de Charette de la Contrie, mes père et mère, en m'attribuant par préciput et hors part un lot d'une valeur de quatre cent dix-neuf mille sept cent quatre-vingt-dix-sept francs, dans le partage anticipé de la terre d'Aubigny, reçu aujourd'hui même par M' Sabatier, notaire à Moulins, ont eu la pensée de m'instituer leur successeur pour continuer après eux, et à partir du jour où j'aurai réuni l'usufruit à la nue-propriété du lot qui m'a été attribué, l'exécution des dispositions relatives aux cures et aux écoles stipulées par Monsieur le baron d'Aubigny, dans son testament olographe du 9 septembre 1898.

---

(1) Nous le donnons également dans les *Documents*, sous le n° XIII.

Je m'oblige, à partir du jour où j'aurai l'usufruit du lot qui m'a été attribué par préciput et hors part, à payer annuellement les sommes suivantes, conformément aux dispositions du testament précité, savoir :

1° Aux Sœurs d'Aubigny................, la somme de	1.000	francs.
2° Aux Sœurs d'Augy ...., —	1.400	—
3° Aux Frères d'Augy ...., —	2.400	—
4° Aux Frères de Bourbon................, —	1.000	—
5° Aux Frères de Lurcy................, —	1.000	—
6° Aux Sœurs de Franchesse............, —	1.000	—
7° Aux Sœurs de Couzon................, —	1.000	—
8° Aux Sœurs de Pouzy................, —	1.000	—
9° Aux Sœurs de Bagneux................, —	200	—
10° Aux Sœurs de Saint-Plaisir............, —	200	—
11° Aux Frères de Saint-Menoux........., —	200	—
TOTAL : 10.400 francs, ci	10.400	francs.

Le montant de ces annuités, capitalisé à 3 francs pour cent francs, forme un capital de 346.666 francs.

Dans le cas où pour une cause quelconque, dont je serai seul juge, je ne continuerai pas le versement des allocations ci-dessus, je m'oblige à tenir compte à mes frères et sœurs ou à leurs représentants, de leur part virile héréditaire dans ladite somme de 346.666 francs. En conséquence, au fur et à mesure que ces allocations cesseraient, et dans un délai de six mois de cette cessation, je remettrai à chacun de mes frères et sœurs, ou à leurs représentants, le montant de sa part virile héréditaire dans la somme représentant, au taux de 3 %, le capital de chacune de ces allocations, en retenant la part virile me revenant.

Si les allocations n'étaient plus servies lorsque je réunirai l'usufruit à la nue-propriété du lot par préciput et hors part, qui m'a été attribué, je m'engage à faire les versements ci-dessus à mes frères et sœurs ou à leurs représentants dans un délai de six mois du jour où j'aurai recueilli l'usufruit.

Je m'engage aussi à conserver aux immeubles affectés aux cures et aux écoles compris dans le lot qui m'a été attribué par préciput et hors part, cette affectation spéciale aussi longtemps qu'il sera possible, ce dont je serai seul juge.

L'engagement ci-dessus est pris par moi librement et spontanément, et il ne pourra, dans aucun cas, être invoqué par qui que ce soit pour critiquer ou contester la donation à titre de partage anticipé de ce jour, à laquelle il n'apporte aucune dérogation.

Fait à Aubigny, le 3 juin 1902.

Lu et approuvé,

F. DE CHARETTE.

Ce document suppose la distinction des deux parts comprises dans le lot préciputaire, et la confirme.

Les caractéristiques de cet acte, d'ailleurs, sont fort nettes :

1° *Il n'est pas un acte notarié.* Mme François de Charette le reconnaît elle-même (1) ;

2° *Il n'est pas intervenu entre les cohéritiers.* Son contenu a été discuté, rédigé et fixé en l'absence et à l'insu des cohéritiers, comme il résulte de l'affirmation même de M. Alain de Charette, et il a été signé par M. François de Charette seul ;

3° *Il n'est donc pas un pacte de famille* véritable et ne saurait en avoir la portée ;

4° Il ne peut imposer des charges qu'au signataire et à ses ayants-droit, sans exclure, du reste, d'autres charges acceptées par ailleurs ; mais il ne saurait lier l'autre partie à son insu, surtout par une interprétation des ayants droit du signataire, comportant pour les cohéritiers de celui-ci des clauses onéreuses.

Dès maintenant, vouloir tirer de ce « pacte » l'obligation, pour l'autre partie, de *reprendre les œuvres à sa charge, au gré du signataire ou de ses ayants droit,* apparaît manifestement abusif.

CHAPITRE VII

OBLIGATIONS OMISES, MAIS NON EXCLUES PAR LE " PACTE "

Les dispositions du " Pacte de famille " représentent-elles, exactement et *limitativement,* les droits et surtout les charges afférentes au lot des œuvres ? Et en signant cet acte, François de Charette entendait-il ne contracter *exclusivement* que les obligations *exprimées* dans le pacte ?

Ses ayants droit l'ont prétendu. Nous allons démontrer le contraire. Deux documents principaux vont nous en fournir la preuve. Mais les réclamations suscitées par les premières victimes de la ruine des œuvres, et dont nous parlerons plus loin, confirmeront singulièrement le témoignage de ces deux textes.

1° LE RAPPORT DE M. LE CHANOINE LAVIGNON

M. le chanoine Lavignon, curé d'Aubigny, qualifié de « témoin, confident et ami de M. d'Aubigny et de M. Alain de Charette », écrivait dans un rapport adressé à l'évêché de Moulins, dont nous avons la copie de sa main (2) :

« En donnant à son fils aîné un lot préciputaire, M. Alain de Charette eut un double but :

« 1° Lui permettre de continuer à payer aux écoles les allocations convenues ;

« 2° Lui permettre d'assurer le maintien de ce qu'il avait fait aux trois cures qui intéressaient sa propriété.

---

(1) Doc. n. XIV.
(2) Doc. n. XV.

« Ce qu'il avait fait pour les cures était peu important, relativement à une propriété de plus de 2.000 hectares :

> « Un hectare environ pour Augy ;
> « Trois hectares et demi environ pour Couzon ;
> « Trois hectares environ pour Aubigny.

« Pour la cure d'Aubigny, érigée en août 1868, en raison du peu d'importance du poste, par arrangement convenu avec Mgr de Dreux-Brézé, il fut stipulé un supplément de 500 francs pour le curé, 340 francs pour le sacristain, somme suffisante pour l'époque. J'ignore s'il y eut rien d'écrit sur ce point.

« En 1877, quand je fus nommé curé d'Aubigny, on me prévint que la chose était ainsi réglée, et rien n'a été changé par les successeurs de M. le baron d'Aubigny, sans aucune réclamation de ma part » (1).

Dans ce même rapport, M. le chanoine Lavignon reconnaît, en outre, des obligations implicites, imposées par le maintien des œuvres, et dont le " Pacte de famille " ne fait aucune mention.

Parlant de M. François de Charette, il écrit :

« Le lot qu'il recevait en plus imposait, sans doute, une charge principale de 10.400 fr., sans compter les charges non énumérées, mais contenues implicitement dans l'acte: réparations, impôts, assurances, chauffage (2), etc. Mais cette charge était compensée à peu près par les revenus de ce lot, et aussi par l'avantage que lui procurait la possession d'une demeure agréable, qui lui assurait une situation sociale et même politique que plusieurs trouvaient enviable » (3).

Du témoignage de M. Lavignon, très au courant du fonctionnement de la succession, il appert donc clairement :

1° Que le *lot des œuvres* était constitué de manière à faire face, non seulement à la « charge principale de 10.400 francs », mais aux autres charges secondaires établies dans ce chapitre (4) ;

2° Que le " Pacte de famille " ne vise que la " charge principale ", laissant de côté les autres obligations *imposées* par le testament de M. d'Aubigny et *acceptées* par la famille de Charette.

2° La Lettre de l'Instituteur Gravelat

Une lettre de M. Gravelat, instituteur libre à Augy, du 9 janvier 1916, confirme ces conclusions. Il écrivait à Mᵐᵉ Charles de Charette (5) :

---

(1) Une note de M. le chanoine Lavignon (Doc. n. XVI) fait foi qu'en 1914 M. Alain de Charette a payé ces redevances, parmi lesquelles il énumère :

« ...52 messes dites pour le baron et la baronne d'Aubigny .... 104 francs.
« Fournitures scolaires aux enfants pauvres de l'école (avancés par Mᵐᵉ Filaire)............ 22 —

(2) Le bois de chauffage avait toujours été fourni par M. d'Aubigny aux écoles libres mixtes de Couzon et d'Aubigny, ainsi qu'aux deux écoles de garçons et de filles d'Augy. Ce service fut continué par M. Alain de Charette et son fils François, et en partie sous l'administration de Mᵐᵉ François de Charette. Plus tard, celle-ci le supprima.

(3) Doc. n. XV.

(4) Rappelons que l'évaluation a été faite en partage *de famille* et que l'estimation en deniers représente la valeur vénale *minima*. Ainsi s'explique fort bien la note de M. Lavignon.

(5) Doc. n. XVII. (Le contrat dont il est question dans cette lettre figure dans les *Documents*, sous le n° XVIII).

« Ainsi que vous le savez, Madame, par le traité que vous avez entre les mains, M. de Charette (1), quand j'ai pris possession de son école, en 1907, s'est engagé à m'allouer, comme aux Frères, 2.400 francs, outre le chauffage et les fournitures classiques. Ces conditions ont toujours été remplies par M. Alain de Charette.

« M. François de Charette, devenu le nouveau bienfaiteur de l'école, a continué à me servir ce traitement, soit 600 francs par trimestre, jusqu'au commencement de mars 1915 », (date à laquelle fut versée la somme due au 31 décembre 1914).

Un contrat semblable liait M. François de Charette à l'institutrice de l'école de filles d'Augy. Il en sera question plus loin.

Nous retrouvons donc là des obligations juridiques bien définies par des contrats en règle, liant le fils comme le père, et dont le " Pacte de famille " ne dit mot.

Concluons de tout ce chapitre :

1° On ne peut tout faire reposer sur le " Pacte de famille ":

2° L'équitable distribution des droits et charges résulte principalement, non du " Pacte de famille " seul, mais de l'ensemble des documents écrits, des faits certains et des témoignages contrôlés.

CHAPITRE VIII

ADMINISTRATION DE M. ALAIN DE CHARETTE

Comme les peuples heureux qui n'ont pas d'histoire, la bonne administration de M. Alain de Charette n'en a guère.

Celui-ci avait une très haute idée de ses obligations de conscience et d'honneur. Il veilla donc à ce que les intentions de M. d'Aubigny fussent parfaitement respectées.

« J'ai le culte de la tradition », disait-il dans une adresse à Mgr Dubourg, « et l'hospitalité des châtelains d'Aubigny pour leur évêque en est une dont j'ai reçu le dépôt, et qui s'ajoute à celles que, dans ma famille, on se fait un devoir et un honneur de conserver intactes » (2).

Il écrivait, le 8 février 1908, à M. le Vicaire général de Moulins :

« Vous comprendrez... que le jour où je viendrai à disparaître, mes héritiers, et plus particulièrement celui qui me succédera ici, doivent trouver dans mes cahiers, avec l'explication de ce que je crois pouvoir faire aujourd'hui, la possibilité et les moyens, dans toute leur intégralité, de remplir éventuellement les devoirs que ma conscience se croit obligée de transmettre à la leur ».

Et il disait plus haut :

« ... Par la confiance dont m'a honoré le baron [d'Aubigny], je reste en ce monde comme un autre lui-même » (3).

---

(1) Il s'agit ici de M. Alain de Charette.

(2) Doc. n. XIX.

(3) Doc. n. XX.

Dans une protestation à l'Evêque de Moulins, du 2 mars 1907 :

« J'élève donc la voix au nom de M. le baron et Mme la baronne d'Aubigny, dont la Providence m'a fait le représentant, mais surtout le continuateur des œuvres qu'ils ont fondées » (1).

Et à son fils Charles, ces paroles que nous avons déjà citées à l'occasion de la proposition d'échange :

« C'est un dépôt sacré que la Providence confie entre tes mains » (2).

M. Alain de Charette comptait que ses successeurs n'omettraient aucune des obligations, principales ou secondaires, qu'il se faisait un scrupule de remplir.

Les œuvres du baron d'Aubigny, servies ainsi avec une conscience et un dévouement admirables sous la gérance de M. Alain de Charette, furent toutes maintenues par lui en état de prospérité, malgré le vent de la persécution (1898-1914).

Le 7 juillet 1914, M. Alain de Charette abandonna l'administration de ses domaines et fit le partage de ses capitaux entre ses dix enfants. Parmi ceux-ci, les deux religieuses auxiliatrices, sans cesser de s'intéresser à l'accomplissement des obligations d'honneur de leur famille et sans abandonner leur droit radical sur le *lot des œuvres*, laissèrent, à cette même date, à leurs frères et sœurs, leurs lots terriens respectifs (3).

Il laissait la charge et le soin des œuvres à son fils François. Mais celui-ci, mobilisé presque aussitôt (2 août 1914) dut en remettre l'administration à sa femme, Mme François de Charette.

L'histoire des œuvres va, dès ce moment, entrer dans une phase nouvelle et douloureuse.

II. — L'ABANDON PROGRESSIF ET LA MORT DES ŒUVRES

CHAPITRE IX

RÉDUCTION SUCCESSIVE DES ALLOCATIONS ET PRESTATIONS

§ 1er. — Allocations fixées par le Baron d'Aubigny

Dès le début de 1915, une réduction de 25 % fut appliquée aux allocations des onze écoles ; elle fut ramenée à 10 %, le 1er avril 1916.

Ces réductions étaient-elles justifiées ?

---

(1) Doc. n. XXI.
(2) Doc. n. VI. Cf. *supra*, p. 6 et note (3).
(3) Doc. n. XXII.

M. François de Charette, mobilisé et renseigné par sa femme, Mme François de Charette, qui administrait ses biens, le pensait, au 9 décembre 1914. Mais il était disposé, en tout cas, à payer « ces pensions jusqu'à concurrence de ce que rapportera le lot préciputaire constitué à cet effet ». Sachant, d'autre part, que « la cessation, même partielle, du paiement des pensions devrait entraîner le remboursement [aux] cohéritiers du capital afférent à la rente non payée », il se réclamait du cas de force majeure pour demander un délai, que nul, d'ailleurs, n'aurait songé à lui refuser (1).

De fait, les comptes de 1914 n'ayant pu être fournis en temps utile, M. François de Charette, persuadé qu'ils accusaient un déficit notable, décida de diminuer de 25 % les rentes à servir aux écoles, se basant sur « les circonstances extraordinaires » du moment, autorisant « des mesures extraordinaires aussi ». Cette mesure, déjà prise pour les allocations du premier trimestre 1915, fut signifiée à Mme Charles de Charette, qui voulait bien, étant sur les lieux, servir d'intermédiaire à sa belle-sœur, le 18 mai suivant (2).

A vrai dire, on s'était trop pressé de croire que le lot préciputaire ne suffisait pas au service des pensions. Les comptes de fin d'année 1915, établis de la main même de Mme François de Charette, dans une note intitulée ˮ Lot des œuvres. Dépenses 1915 ˮ (3), nous prouvent même le contraire.

Les recettes ayant été de 12.147 francs, il y avait un reliquat à l'actif de 740 fr. 44. A cette somme, il aurait fallu ajouter la valeur d'une coupe de bois, faite sur le lot des œuvres, qui montait à 4.965 francs, et qu'on omettait de porter aux recettes.

Il y avait donc, en fin de compte, non un déficit, comme avait pu le croire M. François de Charette, mobilisé aux armées, mais un bénéfice réel.

Mme François de Charette dut elle-même bientôt le reconnaître (4).

La réduction des allocations, aggravée par une réduction des prestations complémentaires, comme nous le verrons, n'était donc pas justifiée, même en admettant la nécessité de certains frais urgents d'entretien des immeubles du lot préciputaire, à une époque où des économies s'imposaient.

Le 1ᵉʳ février 1916, Mme François de Charette se décidait à relever de 10 % le traitement (réduit) des titulaires des écoles. Au 1ᵉʳ avril, le relèvement fut, en réalité, de 15 % et, au 1ᵉʳ juillet 1916, les traitements furent rétablis sur leur première base. Ces allocations étant l'objet d'une obligation formelle, comme en fait foi le ˮ Pacte de famille ˮ, et étant même, avec certains titulaires, l'objet d'un contrat spécial (5), il convenait, semble-t-il, d'envisager l'indemnisation des titulaires qui avaient souffert de cette réduction prolongée pendant dix-huit mois et qui pouvaient en ressentir encore les effets.

---

(1) Doc. n. XXIII.

(2) Doc. n. XXIV.

(3) Doc. n. XXV. — Ce document est à rapprocher des nᵒˢ XXVII et XXVIII, dans lesquels il y est fait allusion. On doit constater que Mme François de Charette semblait disposée à faire figurer parmi les frais relatifs au *lot des œuvres*, des dépenses qui ne s'y rapportaient certainement pas, et concernaient, par exemple, le château d'Aubigny, qui ne faisait point partie du *lot des œuvres*.

(4) Doc. n. XXVI et XXVIII.

(5) Doc. n. XVIII. — Voir ci-dessus, p. 11.

Mais Mme François de Charette ne l'entendit pas ainsi. A propos de réclamations faites dans ce sens (1) par les titulaires lésés, et transmises à Mme Charles de Charette par M. le Vicaire général Caillot, chargé de l'enseignement libre dans le diocèse, elle écrivait, dès le 24 février 1916, à son représentant :

« Au sujet de l'abbé Caillot, tiens-nous au courant et, s'il y a lieu, donne-moi son adresse ; car François est bien décidé à lui écrire lui-même qu'il ne peut faire mieux et ne compte pas rembourser (2).

§ 2. — Prestations Complémentaires

Les prestations complémentaires (non mentionnées au " Pacte de famille ") subirent, elles aussi, des réductions, dès la fin de l'année 1914.

Pendant l'hiver 1914, le chauffage fut en partie supprimé pour les écoles. Des réclamations se firent entendre, et M. le Vicaire général Caillot fit connaître à qui de droit les plaintes faites par les directeurs d'écoles (3).

Pour l'école d'Aubigny, voici ce qu'écrivait, le 17 septembre 1914, Mme François de Charette :

« Pour Mme Filaire, je suis d'avis de lui donner du bois pour l'année, en disant que ce n'est qu'une décision provisoire, François se réservant d'organiser cela comme il l'entendra à son retour.

« Entretien du linge, 40 francs : *supprimé* ; une pièce de vin : *supprimé* ; note des prix [accordés aux élèves], accordé ; fournitures scolaires : accordé ; assurance des enfants, accordé ; impôt, accordé ; droit aux légumes : *supprimé*. — Tout ceci, naturellement, ne sera pas considéré comme un précédent [*sic*] et devra, pour une autre année, être ratifié par François. Pour les fournitures scolaires, avant de donner une réponse ferme, tu pourrais me dire à combien cela monte et, en cas de grosse dépense, consulter le président des écoles » (4).

Pour l'école de filles d'Augy, dans une lettre du 27 juillet 1915 :

« Pour Mme Verrière, la réponse de François sera certainement longue à venir ; je prends sur moi de lui accorder, cette année, les fournitures scolaires. Pour l'entretien du linge, je ne veux pas lui en donner avant d'en avoir causé avec les cohéritiers, ce qui sera remis après la guerre ; je la laisse libre d'en jouir, mais de l'entretenir, ou si elle ne veut pas l'entretenir, qu'elle n'en jouisse pas » (5).

Pour l'école de Couzon (école mixte) :

« Pour la cote mobilière, il me paraît inévitable de la payer ; ce sont, il me semble, les impôts de l'école. Pour les fournitures scolaires, plus raisonnables d'ailleurs que les autres écoles, veux-tu te charger de les payer ? Je lui écris que je le fais pour cette année, mais ne continuerai pas... » (Lettre du 8 août 1915) (6).

---

(1) Doc. n. XXIX.
(2) Doc. n. XXX. Cf. également Doc. n. XXIX.
(3) Doc. n. XXIX.
(4) Doc. n. XXXI.
(5) Doc. n. XXXII.
(6) Doc. n. XXXIII.

Pour l'école de garçons d'Augy :

« Pour Gravelat [le directeur], je propose de lui envoyer trois cordes de chêne, cinq cordes de sapin, et la même chose pour Verrière, afin d'être juste ». — « Gravelat m'écrit ces jours-ci, il trouve que c'est insuffisant et n'est pas content ; je ne réponds pas ». — Pour Gravelat, je ne veux plus payer d'autres fournitures scolaires ». (Lettres des 1ᵉʳ septembre 1915 (1), 12 septembre 1915 (2), ... novembre 1915 (3).

Il apparaît donc que Mᵐᵉ François de Charette, si elle se résignait (par exemple pour l'école de Couzon) à payer sans discussion ce qui lui paraissait " inévitable ", comme les impôts, discutait sur le principe même des autres prestations fournies jusqu'alors par les bénéficiaires du lot préciputaire, et manifestait clairement son intention de s'en affranchir totalement ou partiellement, en ce qui concerne particulièrement les fournitures scolaires, charge cependant incompatible, pour les instituteurs ou institutrices, avec leur maigre budget (4).

Or, le baron d'Aubigny, nous l'avons dit, avait doté ses écoles de meubles, de lingerie, de literie, dont l'entretien et le renouvellement (5) avaient toujours été assurés par les propriétaires de la terre d'Aubigny.

En 1916, l'année de la mort glorieuse à l'ennemi du lieutenant François de Charette (18 octobre), les *réclamations se multiplièrent.*

Les suppressions ou réductions portant sur le bois de chauffage, les fournitures scolaires, l'entretien des jardins, l'entretien du linge, etc., causèrent un mécontentement d'autant plus grand et d'autant mieux motivé que, d'une part, les conditions de la vie, devenues plus ou moins pénibles pour tous, devenaient facilement angoissantes pour les pauvres instituteurs et institutrices, à la merci des propriétaires d'Aubigny, chargés d'entretenir personnel et matériel ; et que, d'autre part, le lot préciputaire hors part donnait des revenus croissants (6).

Aussi M. Gravelat, dont il vient d'être question, écrivait-il à Mᵐᵉ Charles de Charette (intermédiaire de Mᵐᵉ François de Charette, absente), le 9 janvier 1916 :

« Le 1ᵉʳ janvier dernier, vous avez daigné me remettre encore 450 francs [au lieu de 600 fr.] pour le premier trimestre de l'année scolaire en cours. Ayant entendu dire que les fermiers d'Aubigny sont devenus plus raisonnables et ont payé leurs termes dus (7), je me permets, Madame, de venir vous prier d'intervenir en ma faveur auprès de Mᵐᵉ François de Charette...

« Permettez-moi de vous rappeler, Madame, que nous ne recevons plus le chauffage en entier, *comme jadis...*

« Enfin, en novembre, je crois, Mᵐᵉ François de Charette m'a fait savoir qu'elle ne payerait pas les fournitures aux élèves. Je me suis permis de faire observer à Mᵐᵉ François de Charette que je

---

(1) Doc. n. XXXIV.

(2) Doc. n. XXXV.

(3) Doc. n. XXXVI.

(4) Doc. n. XXXVII. Cf. n° XVII.

(5) Les livres de la *Régie* d'Aubigny mentionnent des achats par M. Alain de Charette, en 1910, de linge, dans la maison Delaume, à Moulins, et d'ustensiles de cuisine, dans la maison Gallice, de la même ville.

(6) Doc. n. XXXVIII. Cf. n° XXVI.

(7) Les livres de la *Régie* d'Aubigny, pour 1916, démontrent, en effet, que le peu d'arriéré antérieur a été liquidé à cette époque.

ne supposais pas que sa volonté fût de me faire payer des classiques pour les enfants d'Augy ; je n'ai obtenu aucune réponse » (1).

Mme Verrière, directrice de l'école libre de filles d'Augy, écrivait aussi, le 13 janvier, à Mme Charles de Charette :

« Il m'est impossible de pouvoir, comme l'on dit vulgairement, joindre les deux bouts. Sur mon traitement de 1.048 francs, je dois payer et nourrir une adjointe, payer les impôts, l'assurance des élèves, l'ouvrier pour casser le bois de la classe et faire le jardin. De plus, M. Gravelat me dit que Mme de Charette n'a pas l'intention de payer les fournitures classiques... » (2)

CHAPITRE X

FERMETURE DES ÉCOLES

De 1917 à 1923, les plaintes continuèrent d'arriver à Mme François de Charette, qui résidait alors généralement à Aubigny, car la situation des directeurs et directrices d'écoles devenait de plus en plus intenable.

Aussi, des réclamations pressantes furent-elles adressées à M. Charles de Charette pour obtenir son intervention. Mais les dispositions de Mme François de Charette et sa manière d'interpréter ses obligations et celles de la famille, loin de changer, aboutirent à la fermeture des écoles.

L'Ecole de Bagneux ayant été fermée le 17 février 1920, son allocation, soit 200 francs, se trouva donc sans objet et fut, d'accord avec les cohéritiers, reportée sur les autres écoles.

Ecole des Garçons d'Augy. — Le 4 mai 1921, M. Gravelat écrivait à M. Charles de Charette une lettre qu'il faut lire en entier (3), mais dont voici le passage essentiel :

« J'affirme très hautement que je n'ai pas eu à dépenser un sou pour le chauffage, de 1907 à 1914...

« ...[Depuis], il m'a bien été envoyé du bois chaque année, mais toujours en quantité insuffisante. Deux factures de M. de Colasson et Robin [marchands de charbons], payées par nous, ont été remises par ma femme, pendant ma mobilisation, à notre Inspecteur diocésain, aujourd'hui Monseigneur Caillot, qui avait promis de nous faire rembourser. Or, non seulement nous n'avons pas été remboursés, mais les choses n'ont fait que s'aggraver...

« ... Au cours de l'année 1918, lorsque le bois reçu a été épuisé, j'ai prié poliment Mme François de Charette de nous en envoyer d'autre. Je n'ai obtenu aucune réponse ; j'en ai conclu qu'elle ne voulait pas nous en donner et j'ai dû en acheter, et tous les ans il en a été ainsi. De sorte que j'ai dépensé de ma poche, pour le chauffage, du 1er octobre 1917 au 1er octobre 1920 : 589 fr. 60.

---

(1) Doc. n. XVII.
(2) Doc. n. XXXIX.
(3) Doc. n. XL.

« Pour l'année scolaire en cours 1920-1921, j'ai déjà payé 300 fr. 80.....

« ... J'ai reçu seulement de Mme François de Charette, du 28 octobre 1920 au 11 janvier 1921, six chars de bois ou plutôt de perches ayant 5 à 6 mètres de longueur et très grosses ; il m'a fallu les faire scier et casser. Et c'était du bois de peuplier *venant d'être abattu et qui était tout mouillé...*

« Mes lettres, *toujours polies cependant*, ne reçoivent même pas de réponse.

« Au commencement d'octobre 1917, j'ai signalé à Mme François de Charette qu'il pleuvait dans le grenier, et par suite dans une de nos salles ; la réparation est toujours à faire.

« En 1919, j'ai dû écrire deux fois et, de guerre lasse, faire le voyage d'Aubigny pour la pompe qui ne pouvait pas donner d'eau ; nous avions attendu les ouvriers plus de trois semaines... ».

A la suite de cette lettre, M. Charles de Charette demanda à Mme François de Charette de donner satisfaction au titulaire de l'école de garçons d'Augy (1).

Mme François de Charette répondit que « les instituteurs d'Augy ne [lui avaient] réclamé aucune réparation dont [elle] ne se soit occupée ». En fait, elle tint les plaintes de M. Gravelat pour non-avenues, ne fit aucune réparation et n'accorda rien (2).

La situation du maître devenait de plus en plus pénible. Il réclamait en vain, d'une part, l'arriéré de 2.425 francs et, d'autre part, une augmentation de traitement proportionnelle au cours actuel de la vie. Devant le refus qu'on opposa à sa double demande, il dut quitter l'école d'Augy, sans cesser pour cela de faire valoir ses droits (3). L'école elle-même fut officiellement fermée le 30 septembre de la même année (4).

ECOLE DES FILLES D'AUGY. — Cependant, les fermiers avaient, depuis longtemps, remboursé leurs arriérés, et les terres du *lot des œuvres* donnaient un revenu en rapport avec l'augmentation du coût de la vie. Néanmoins, Mme François de Charette s'en tenait toujours aux rentes fixées par le testament du baron d'Aubigny, et ne voulait plus entendre parler des charges secondaires qui avaient incombé de tout temps au propriétaire des écoles. Une démarche près d'elle de M. l'abbé Nebout, curé de Saint-Léopardin-d'Augy, resta totalement infructueuse ; celui-ci en rendait compte en ces termes à M. Charles de Charette, le 5 juillet 1922 :

« Lundi dernier, j'étais à Aubigny et j'ai demandé à Mme François de Charette ce qu'elle pensait faire pour nos écoles. Elle m'a répondu qu'elle donnerait, comme autrefois, 2.400 francs pour l'école des garçons, 1.600 francs pour celle des filles, et qu'il lui était impossible d'augmenter les traitements. Il est donc impossible d'ouvrir l'école des garçons, et seule l'école des filles pourra subsister, si nous trouvons une titulaire » (5).

Les paroles de Mme François de Charette étaient d'ailleurs conformes à ce qu'elle avait écrit, quelques mois auparavant, à M. Charles de Charette lui-même ; elle voulait bien reverser, pendant une année, une partie de l'allocation due à l'école des garçons, sur l'école des filles, à titre de supplément provisoire pour l'entretien d'une adjointe à Mme Verrière (6).

---

(1) Doc. n. XLI.
(2) Doc. n. XLII.
(3) Sur les sommes dues et jamais complètement payées à M. Gravelat, voir Doc. n. XLIII et XLIV.
(4) Doc. n. XLV.
(5) Doc. n. XLVI.
(6) Doc. n. XLVII.

On le voit, les réclamations des maîtres et maîtresses étaient dues au seul fait que Mme François de Charette refusait de verser plus de 10.400 francs par an, en se basant sur la lettre du " Pacte de famille ". Or, cette somme était devenue absolument insuffisante pour rétribuer les titulaires des quatre écoles de la terre d'Aubigny, sans parler des subsides à fournir aux sept autres écoles désignées dans le testament.

Dès l'hiver de 1922, les difficultés et restrictions, de la part de Mme François de Charette, ne firent que s'aggraver :

Le 29 décembre, M. le Vicaire général Michel (successeur de M. Caillot, dans sa charge de directeur de l'enseignement libre diocésain) écrivait à Mme François de Charette :

« Madame, l'institutrice d'Augy m'a écrit dernièrement qu'il n'y avait plus de bois, que l'ouvrier qui avait scié le bois précédent était à payer. Il y aurait donc une note à établir. Je transmettrai cette note à Me Pruvot » (1).

Le 14 février 1923, il écrivait à M. Charles de Charette :

« Me Pruvot m'avise qu'en date du 7 février, Mme François de Charette l'a prié de me dire qu'elle ne paierait pas le trimestre échu le 1er avril à l'institutrice d'Augy, ni le chauffage. Je lui écris immédiatement que l'institutrice aurait un légitime recours contre elle, si elle faisait cela, à cause du *contrat* qui lie l'une vis-à-vis de l'autre » (2).

La fermeture était imminente, comme l'écrivait M. le curé d'Augy au même, le 21 février :

« Je serai content de vous parler de notre pauvre école de filles, qui va bientôt fermer ses portes, faute de bois et d'argent. J'ai envoyé un peu de bois pour retarder la mort de quelques jours » (3).

Effectivement, l'école fut fermée l'année suivante, le 31 juillet 1924.

Sur ces entrefaites, l'école mixte de Couzon avait dû également fermer ses portes (13 septembre 1922) pour des motifs en eux-mêmes étrangers à la question du traitement de l'institutrice.

Les autres écoles subventionnées en vertu des dispositions testamentaires de M. d'Aubigny avaient subi le même sort.

En tout et pour tout, restait ouverte la petite école mixte d'Aubigny, avec une titulaire fort âgée, qu'on ne pouvait remplacer, faute de donner aux candidates éventuelles des émoluments suffisants.

Pour conclure, l'instruction chrétienne n'était plus assurée aux enfants, sauf à Aubigny même, sur la terre du baron d'Aubigny, qui en avait fait la condition principale du legs de sa fortune à la famille de Charette.

---

(1) Doc. n. XLVIII.
(2) Doc. n. XLIX.
(3) Doc. n. L.

CHAPITRE XI

VENTE OU PROJETS DE VENTE DE PARCELLES DU " LOT DES ŒUVRES "

A la fin de l'année 1921, il fut question de vendre une partie des immeubles du lot préciputaire. Une lettre de M. le Vicaire général Michel (1), en date du 20 décembre, informait M. Charles de Charette de l'intention de Mme François de Charette de liquider l'affaire du " Pré de Couzon ", et de se décharger de toutes les écoles dépendantes de la fondation du baron d'Aubigny.

Il y avait, en effet, une question du " Pré de Couzon ", autrement dit d'un pré de 2 hectares 20 ares, affecté par M. d'Aubigny, en 1875, à la cure de cette paroisse, et compris, de ce fait, dans le lot préciputaire. Mme François de Charette avait retiré au curé la jouissance de ce pré, le 11 novembre 1918. Or, ce pré était contigu à un domaine appelé " le Béton ", non compris dans le lot préciputaire, mais faisant partie du lot personnel de M. François de Charette. En septembre 1922, M. Pajot, marchand de biens à Moulins, entra en pourparlers avec les ayants-droit de M. François de Charette, pour l'acquisition de ce domaine et du pré de 2 hectares 20 y attenant.

Sur ces entrefaites, la vente du " Pré Sebraud ", constitué par deux parcelles (du *lot des œuvres*) entourant l'école libre des filles d'Augy, devint un fait accompli. M. l'abbé Nebout le signifiait à M. Charles de Charette, le 25 septembre 1922, en ces termes :

« On a vendu ces temps-ci les deux prés qui entourent l'école libre des filles.

« M. de Charette (2) nous avait pourtant promis que l'on ne vendrait jamais ces prés, pour que l'institutrice ne soit pas gênée par le propriétaire voisin » (3).

Le " Pré Sebraud ", estimé, en 1922, en bloc avec les autres dépendances de l'école des filles, fut vendu 7.000 francs.

On était de même en pourparlers pour la vente d'un ancien moulin, entouré de terres, dit le " Moulin Péqut ". Peu après, les 3 hectares 07 ares 20 centiares du " Moulin Péqut ", estimés 7.512 francs en 1902, furent cédés moyennant 25.000 fr.

De même encore, on mit en vente trois " locateries ", sises au bourg d'Aubigny, la locaterie *Péronneau*, la locaterie *Liger* et la *Boîte aux lettres*, pour un prix bien supérieur à l'estimation de 1902.

---

(1) Doc. n. LI.
(2) M. Alain de Charette.
(3) Doc. n. LII.

NOTE SUR LES CHAPITRES PRÉCÉDENTS

Toute l'attitude de Mme François de Charette, vis-à-vis des œuvres dont elle était responsable, le peu de goût et d'énergie qu'elle manifesta pour les favoriser et les sauver, sa facilité à aliéner à son profit les terres du lot *des œuvres*, peuvent sans doute s'expliquer par les dispositions qu'elle marqua dès qu'elle eut à s'en occuper.

A peine arrivée à Aubigny, « elle prit la décision de *liquider une situation* qui pouvait devenir, par les successions, inextricable (1) ; c'est-à-dire de se décharger du soin de « continuer les œuvres du baron d'Aubigny », ce qui avait été, cependant, au témoignage de Me Sabatier lui-même, « la condition de la donation préciputaire » (2).

Mme François de Charette témoigna alors du souci — légitime d'ailleurs en soi — de ses intérêts personnels et de sa commodité, mais bien peu de l'intérêt des œuvres à sauvegarder.

Même souci de ses intérêts et même absence de préoccupation au sujet des œuvres, dans la lettre qu'elle écrivit, quatre ans après, à Madame du Halgouët : « J'ai l'intention... de cesser les rentes en remboursant à mes cohéritiers la part qui leur revient. Ceci pour des raisons trop longues à t'expliquer, mais dont les principales sont l'impôt sur le revenu qui existe, et le projet d'impôt sur le capital » (3).

Assurément, ce n'est plus le langage de M. Alain de Charette, ni même de François de Charette. Les intentions du bienfaiteur sont fort loin !

Mme François de Charette comptait bien d'ailleurs conserver le lot préciputaire, quitte à verser une somme notablement inférieure — c'est le fait, indéniable — à la valeur de ce lot. Du reste, c'est elle qui, au moment du projet d'échange, avait tant insisté pour le garder, malgré l'intérêt des œuvres, qui avait inspiré à M. Alain de Charette ce projet d'échange, et malgré l'avis de son mari (4).

Il faut dire que ses responsabilités sont partagées, en tout cela, par ceux qui la conseillèrent, notamment des personnes de sa propre famille, qu'elle nomme elle-même, et M. le chanoine Lavignon, qui se nomme lui-même (5).

---

(1) Doc. n. LII *bis* : Lettre de M. Lavignon. Remarquons la faiblesse de cette raison, qui aurait dû empêcher François, si elle était valable, d'accepter le lot préciputaire.

(2) Doc. n. III.

(3) Doc. n. LXXXIX.

(4) Doc. n. VIII, où il est fait allusion à cette mésentente.

(5) Doc. n. LII *bis*.

III. — PLAINTES DES COHÉRITIERS A L'ÉVÊCHÉ DE MOULINS

CHAPITRE XII

L'AFFAIRE PORTÉE DEVANT Mgr PENON

Dès la fin de juillet 1922, les cohéritiers de M. Pierre de Charette s'émurent. Tous, à l'exception des ayants droit de M. François de Charette, mis en cause, firent établir, en l'étude de Me Monnac, notaire à Moulins, une procuration, datée du 30 juillet 1922, chargeant leur frère, M. Charles de Charette, présent sur les lieux, de défendre leurs droits sur la part du lot préciputaire, dite *lot des œuvres*, d'en arrêter les ventes partielles, qui en diminuaient la valeur, et de rétablir les œuvres fondées par le baron d'Aubigny. En d'autres termes, il s'agissait de faire exécuter les conditions strictes du testament et de la donation préciputaire. Ce devoir, vu la carence du mandataire et de ses ayants droit, incombait à tous les héritiers de Pierre de Charette.

M. Charles de Charette saisit donc de l'affaire Mgr Penon, alors Evêque de Moulins, en le priant d'intervenir.

Outre les ventes ou menaces de vente de biens qu'ils considéraient comme une propriété " sacrée ", les plaintes des cohéritiers, transmises à Mgr Penon par M. Charles de Charette, visaient la question générale du *lot des œuvres*, du montant effectif de son revenu et du caractère religieux de sa destination. D'autre part, M. Charles de Charette remettait également à l'évêque les réclamations de MM. les curés d'Augy [1] et de Couzon [2], datées respectivement des 25 et 28 septembre 1922. Mgr Penon répondit par une lettre, en date du 5 octobre, dont voici le texte [3] :

« Moulins, le 5 octobre 1922.

« MONSIEUR,

« Après avoir pris connaissance de la lettre de M. le curé de Saint-Léopardin-d'Augy, datée du 25 septembre 1922, et de la lettre de M. le curé de Couzon, datée du 28 septembre 1922, que vous m'avez communiquées, et après en avoir fait part à mes vicaires généraux et avoir délibéré avec eux au sujet des questions qui font l'objet de ces deux lettres, j'ai l'honneur de vous faire connaître les conclusions et décisions qui, après mûr examen, s'imposent à l'autorité diocésaine, pour sauvegarder les intérêts évidents des écoles chrétiennes et des églises de ces deux paroisses et pour faire respecter les intentions et volontés de M. le baron d'Aubigny et de M. Alain de Charette, en faveur de ces mêmes paroisses.

« I. — *En ce qui concerne la paroisse de Saint-Léopardin-d'Augy* :

« 1° Le pré et la petite vigne donnés à cette paroisse par M. Alain de Charette ne pourraient être vendus en conscience, et sans violer les lois canoniques, qu'à la double condition suivante: d'abord

---

(1) Doc. n. LII.

(2) Doc. n. LIII.

(3) Doc. n. LIII *bis*.

en reverser le prix total au Conseil paroissial de Saint-Léopardin-d'Augy ; et aussi faire insérer dans l'acte de vente des clauses garantissant la possibilité de faire réparer soit le presbytère, soit l'église, immeubles contigus à ce pré.

« Pour ces motifs et pour plusieurs autres, l'autorité diocésaine de Moulins ne croit pas devoir, ni pouvoir consentir à la vente de ce pré et de cette vigne, et vous prie de vouloir bien, en qualité de mandataire des membres de votre famille qui ont signé l'acte fait, en l'étude de Mᵉ Monnac, à Moulins, le (1)   juin 1922, faire toutes les démarches nécessaires pour empêcher cette vente.

« 2° Au sujet des deux écoles de Saint-Léopardin-d'Augy, ni l'école des garçons, actuellement et provisoirement fermée, par suite du départ de l'instituteur, qui n'a pu être remplacé, ni l'école de filles, encore ouverte, et alors même que plus tard elle viendrait à être aussi fermée provisoirement, ne doivent être vendues, parce qu'il y a lieu de réserver l'avenir, chacune de ces écoles pouvant et devant être rouvertes quand les circonstances le permettront. Vous avez donc non seulement le droit, mais le devoir, de faire tout ce qui peut être en votre pouvoir pour empêcher cette vente.

« II. — *Au sujet de la paroisse de Couzon :*

« 1° On ne peut consentir à la vente de l'école de filles de Couzon, provisoirement fermée par suite du départ de l'institutrice. Cette fermeture n'est que provisoire, et quand même, par suite des circonstances actuelles, la fermeture se prolongerait longtemps, il y a lieu de réserver la possibilité de rouvrir l'école plus tard.

« En attendant, nous exprimons le désir, très légitime, que le local de l'école puisse rester à la disposition de M. le Curé, pour pouvoir, le cas échéant, être utilisé en vue d'une œuvre similaire, destinée à assurer la formation chrétienne des enfants, des jeunes filles, telles que patronages, ouvroirs, et autres œuvres de persévérance, et aussi pour l'usage de tous les fidèles, bibliothèque paroissiale.

« 2° Quant au pré attribué, par suite d'une erreur des experts, à M. François de Charette, au sujet de l'attribution des lots, dans le dernier acte de partage de 1916, lequel pré aurait dû être laissé, comme les deux autres parcelles de terre, à M. le Curé de Couzon, il doit être, en conscience, laissé à sa destination première, c'est de toute évidence.

« Vous devez donc user des voies et moyens nécessaires pour obtenir ces résultats. La vente des deux autres parcelles de terre, qui ont été, jusqu'à ce jour, laissées à M. le Curé de Couzon, serait non moins évidemment contraire à toute justice, et vous avez le droit de vous y opposer, et le devoir de faire toutes les démarches nécessaires à cet effet.

« En résumé, l'autorité diocésaine a le devoir absolu de protester contre toute violation des intentions exprimées dans les dernières volontés de M. d'Aubigny et de M. de Charette.

« Les aliénations dont il est question, et autres modifications analogues, qui sont ou pourraient être proposées, ne pourraient avoir lieu que dans les conditions de dédommagement et garanties pécuniaires ou autres, précisées dans les divers actes de partages et autres conventions, passées en vue d'assurer l'exécution des volontés de M. le baron d'Aubigny et de M. Alain de Charette, conformément à votre mandat.

« Veuillez agréer.....   « † Jean-Baptiste PENON,

« *Evêque de Moulins* ».

Presque simultanément, le 18 octobre, Mᵍʳ Penon fit observer à Mᵐᵉ François de Charette, par une lettre dont il remit le double à M. Charles de Charette, que les biens en question constituaient « canoniquement des biens d'église », dont il était lui-même « obligé d'être le gardien fidèle et vigilant » (2).

Malgré cet avertissement, les ventes se poursuivirent, et le ¨ Pré de Couzon ¨ fut vendu avec le domaine adjacent du Béton.

---

(1) Espace laissé en blanc dans l'original.
(2) Doc. n. LIV.

La controverse entre les ayants-droit de M. François de Charette et les autres héritiers de M. Pierre de Charette ne pouvait s'apaiser ainsi. On en vint donc aux audiences et réunions contradictoires, dans lesquelles furent agitées à la fois et la question de fond sur le caractère religieux et les obligations du lot préciputaire, et les questions accessoires d'aliénations d'immeubles faisant partie du *lot des œuvres*.

CHAPITRE XIII

L'AUDIENCE PRÉALABLE DU 14 NOVEMBRE 1922

---

§ 1er. — RAPPORT DE Me SABATIER

Le 14 novembre 1922, Mgr Penon convoqua devant son conseil Me Sabatier, qui avait rédigé l'acte de partage. L'ancien notaire communiqua dans cette audience une note destinée au dossier de l'Evêché, et précédée de la mention suivante, écrite et signée de la main de M. le Vicaire général Michel : « Note destinée à rester au dossier de l'Evêché, remise par Me Sabatier, dans la réunion du 14 novembre 1922 ».

Voici le texte intégral de cette note (Doc. n. LIV *bis*) :

« Le baron d'Aubigny, décédé le 17 novembre 1898, avait prescrit dans son testament que son légataire universel, M. Alain de Charette, et après lui son fils aîné Pierre de Charette, légataire à titre particulier de la terre d'Aubigny, devraient conserver à ses cures et écoles l'affectation spéciale qu'il leur avait donnée et, en outre, qu'ils devraient donner chaque année aux Frères et Sœurs qui dirigeraient les dites écoles, diverses sommes dont le total s'élève à 10.400 francs.

« M. Pierre de Charette est décédé le 9 septembre 1901.

« Aussitôt après la mort de M. Pierre de Charette, M. Alain de Charette, son père, s'est préoccupé de prendre des mesures pour assurer autant que possible, dans l'avenir, l'exécution des volontés du baron d'Aubigny, rappelées ci-dessus.

« A cet effet, par acte passé devant Me Sabatier, notaire à Moulins, le 3 juin 1902, M. et Mme Alain de Charette ont fait donation, à titre de partage anticipé, à leurs dix enfants, de la nue-propriété de la terre d'Aubigny, dont ils se sont réservés l'usufruit.

« Dans cet acte, il a été fait l'attribution, par préciput et hors part, à M. François de Charette, l'aîné des fils, en plus de sa part virile d'héritier présomptif, d'un lot préciputaire estimé 419.797 francs.

« Cette attribution lui a été faite en considération de la charge qui lui était imposée et qu'il a acceptée, d'exécuter les prescriptions du testament du baron d'Aubigny, c'est-à-dire de conserver aux cures et aux écoles leur affectation spéciale et de verser annuellement, aux Frères et Sœurs desservant les écoles, diverses sommes s'élevant à 10.400 francs.

« Les cures et les écoles n'ayant pas d'existence légale, une stipulation à leur profit ne pouvait être faite dans l'acte de donation.

« Il importait que cet acte, qui devait constituer un titre de propriété pour quarante-six domaines ou autres corps de biens, d'une étendue de 2.128 hectares, ne pût être critiqué.

« C'est pourquoi, le jour même de la donation et par un acte unilatéral sous-seing privé, M. François de Charette reconnut qu'en lui faisant l'attribution d'un lot préciputaire, ses père et mère avaient entendu le charger de l'exécution des dispositions du testament du baron d'Aubigny, relatives aux cures et aux écoles.

« En conséquence, il s'obligea à verser annuellement aux Frères et Sœurs desservant les écoles, les sommes fixées par le testament, s'élevant à 10.400 francs par an.

« Et comme ses père et mère n'avaient pas eu l'intention, en lui donnant ce lot préciputaire, de l'avantager, il s'obligea, dans le cas où pour une cause quelconque il ne verserait plus ces allocations, de tenir compte à ses frères et sœurs de leur part virile héréditaire d'une somme de 346.666 francs.

« Cette somme représentait la valeur réelle du lot préciputaire dans la pensée de M. et Mme de Charette et leur fils.

« En effet, ce lot préciputaire dans le partage avait bien été évalué 419.797 francs.

« Mais on avait estimé que le château compris en ce lot constituait une charge, d'où la déduction d'une somme à forfait de 73.131 francs, ce qui réduisait la valeur du lot à 346.666 francs.

« Le jour où M. François de Charette n'exécuterait pas les prescriptions du testament du baron d'Aubigny, cette somme ferait retour à la masse et serait répartie par parts viriles entre les dix enfants, y compris, bien entendu, M. François de Charette qui, par suite, en retenant sa part, n'aurait à verser, pour être libéré, que 9/10es.

« M. et Mme de Charette ont voulu laisser leur fils seul juge d'apprécier dans quels cas il pourrait cesser les paiements des allocations et ainsi mettre fin au mandat qui lui était donné.

« Toute convention ou engagement doit prévoir un terme; et comment, dans une convention de ce genre, fixer un terme autrement que l'ont fait M. et Mme Alain de Charette ?

« Cette convention constituant un mandat, n'était-il pas naturel de dire qu'elle prendrait fin par la volonté du mandataire, puisque tout mandataire, en principe, a le droit de se désister du mandat qui lui a été donné.

« Une autre considération imposerait nécessairement cette clause.

« La loi qui avait spolié les congrégations datait à peine d'un an et on pouvait craindre que de nouvelles lois spoliatrices ne soient édictées contre les écoles et les cures. Cette crainte n'était que trop justifiée, en ce qui concerne les cures, puisque trois ans après la loi sur la séparation était votée. Il fallait donc que cette convention fut rédigée de manière à ce qu'elle ne pût donner lieu à une revendication de la part d'un liquidateur ou d'un séquestre.

« Mais le fait par M. François de Charette de cesser le paiement des allocations, s'il estimait devoir le faire, ne pouvait avoir pour conséquence de le libérer, de même que ses frères et sœurs, auxquels il devrait, dans ce cas, tenir compte, comme on l'a vu plus haut, de la valeur du lot préciputaire, des obligations d'honneur et de conscience résultant du testament du baron d'Aubigny et qui s'imposent à tous les héritiers de M. Alain de Charette, son légataire universel.

« Ce fait n'a pour conséquence que de le libérer de son mandat, de libérer le lot préciputaire de la garantie qui le grevait et d'affecter désormais à l'exécution des prescriptions testamentaires du baron d'Aubigny la somme de 346.666 francs représentant la valeur de ce lot.

« Chaque héritier recevant sa part, soit 1/10e de cette somme, devra contribuer, dans la même proportion, soit 1/10e, à l'exécution de ces prescriptions.

« Il conviendrait pour simplifier que tous les héritiers s'entendent entre eux pour apporter cette somme à une société civile ou association qui assurerait l'exécution de ces prescriptions.

« On a vu plus haut que le testament prescrivait non seulement le paiement des allocations aux cures et aux écoles, mais aussi le maintien, pour les immeubles servant aux cures et aux écoles, de leur affectation spéciale, et dans l'acte unilatéral du 3 juin 1902, M. F. de Charette s'est obligé à maintenir cette affectation.

« Mais ces immeubles figurent dans le lot préciputaire pour une valeur qui s'élève (sauf erreur) à.................................... 31.378 fr.

« M. F. de Charette, rapportant ces immeubles à ses frères et sœurs, si non à la société civile ou association auxquelles il vient d'être fait allusion en vue d'assurer le maintien de leur affectation spéciale, doit naturellement retenir le montant de leur valeur sur la somme représentant la valeur totale du lot qui est de 346.666 fr.

« Par suite, il n'a à rapporter que............................... 315.288 fr.

« S'il en était autrement, c'est-à-dire s'il rapportait 346.666 francs, il rapporterait en trop 31.378 francs, valeur des immeubles rapportés en nature.

« De cette manière, M. François de Charette rapporterait :

« En espèces	315.288 fr.
« En immeubles, des cures et écoles	31.378 fr.
« Total égal à la valeur du lot préciputaire.	346.666 fr.

§ 2. — Observations sur ce Rapport et cette Audience

Dans ce rapport, M⁰ Sabatier reconnaît expressément les points suivants :

1° Les père et mère de François de Charette n'avaient pas l'intention de l'avantager en lui donnant le lot préciputaire hors part ;

2° La somme de 346.666 francs représentait une valeur réelle, à prendre sur les immeubles ;

3° François de Charette, en acceptant le lot des œuvres, devenait le mandataire de sa famille.

Mais M⁰ Sabatier s'écarte de la tradition sur un point important, en attribuant à la somme de 346.666 francs un caractère forfaitaire. En effet, nous l'avons établi, la somme *n'est pas forfaitaire, elle répond à une part du lot préciputaire*. La somme de 73.131 francs, qui complète la valeur totale du lot préciputaire, exprime, elle aussi, *la valeur d'une autre part du lot terrien*, à savoir le château et certaines dépendances immédiates, concédé en toute propriété par M. Alain de Charette à son fils François.

Ce premier écart d'*interprétation* de M⁰ Sabatier est regrettable. Il ne sera pas le seul, car son auteur s'engage ainsi dans une thèse nouvelle, que nous discuterons à fond en temps et lieu.

Dans cette même audience du 14 novembre, on aborda, en présence de M. de Crousaz, la question de la vente des immeubles faisant partie du lot des œuvres et, en particulier, du " Pré de Couzon ". Cette affaire du " Pré de Couzon " n'a pas l'importance de celle qui concerne le caractère religieux et l'inaliénabilité du lot préciputaire ; à vrai dire, elle n'en est qu'une annexe. Mais c'est elle qui a fourni l'occasion de traiter le point principal ; elle a fait l'objet de plusieurs notes des avoués, elle a été discutée, devant l'Evêque, dans plusieurs audiences ; nous ne pouvons donc en faire abstraction. Néanmoins, pour éviter des longueurs inutiles, nous nous bornerons à mentionner à leur place respective les pièces qui s'y rapportent, renvoyant pour le texte intégral à la partie documentaire (1).

---

(1) Voir le *procès-verbal de la réunion du 14 novembre, relative au " Pré de Couzon ", dans la Note du 22 janvier 1923* de M. le Vicaire général Michel, Doc. n. LV.

CHAPITRE XIV

L'AUDIENCE DU 13 DÉCEMBRE 1922

A l'audience du 13 décembre 1922, M. le Vicaire général Michel présenta, dans un rapport lumineux :

1° Un résumé historique des faits ;

2° Les questions posées par les plaignants ;

3° Vingt-trois considérants du plus haut intérêt (1).

Pour le résumé historique, nous renvoyons à la partie documentaire (2). Nous donnons in-extenso le reste de ce rapport.

Rapport de M. le Vicaire général Michel

Questions posées à Monseigneur l'Evêque:

« Dans ces circonstances, M. Charles de Charette, représentant les héritiers de M. Alain de Charette, autres que les ayants droit de M. François de Charette, considérant que les actes légaux, étant données les circonstances de persécution religieuse où ils ont été établis, ne contiennent pas la totalité des obligations imposées aux bénéficiaires, et ne suffisent plus à éclairer dans la conduite à tenir leur conscience de fils soumis à l'Eglise catholique, prient Sa Grandeur Monseigneur l'Evêque de Moulins de résoudre les doutes suivants :

« 1° En conscience, les revenus du lot préciputaire doivent-ils profiter exclusivement à l'entretien des œuvres du baron d'Aubigny, quelle que soit leur plus-value actuelle ?

« 2° Si la réponse à la première question est affirmative, quel emploi doit-on faire de ces revenus, dans le cas où une ou plusieurs écoles ne peuvent être ouvertes par défaut de maîtres ?

« 3° Si la réponse à la première question est affirmative, les biens du lot préciputaire sont-ils biens d'Eglise, et les héritiers qui feraient leur une partie de ces revenus encourraient-ils les peines canoniques portées contre les détenteurs injustes des biens d'Eglise ?

« 4° Si la réponse est négative, dans quelle mesure peut-on profiter de ces revenus ?

« 5° Qu'y a-t-il à faire pour le passé ?

« 6° En conscience, les ayants droit de M. François de Charette peuvent-ils vendre tout ou partie du lot préciputaire, excepté toutefois les immeubles à affectation désignée, dans le but de se procurer des ressources pour rembourser la masse et se libérer de leur mandat, alors que les cohéritiers leur offrent de se charger du mandat en reprenant le lot préciputaire ?

« 7° Si la réponse est négative et que les ayants droit passent outre, tombent-ils sous le coup des censures ecclésiastiques ?

« 8° Si la réponse est affirmative, doivent-ils rembourser à la masse, d'après les prix d'estimation du partage ou d'après les prix de vente actuels ?

« 9° Qu'y a-t-il à faire pour le passé ?

---

(1) Dans la copie que nous en avons, provenant de l'Evêché, ces considérants sont numérotés de 1 à 21, mais les numéros 4 et 15 sont répétés deux fois.

(2) Doc. n. LVI.

« Considérants :

« (Ces considérants ne sont point placés dans un ordre correspondant à celui des questions).

« 1° Le baron d'Aubigny avait l'intention de faire une fondation durable et d'assurer l'influence de sa famille dans la région, en vue d'y maintenir florissante la religion catholique. Cela ressort nettement des conversations qu'il eut avec ceux de ses amis qui vivent encore et des conversations qu'on lie avec des gens du pays. M. d'Aubigny tenait à écarter tout propriétaire étranger, n'aliénant pas, afin de garder un fief indépendant ;

« 2° Dans la famille de Charette, il est de tradition de dire : « *lot des œuvres* » quand on parle du lot préciputaire. Mme François de Charette, elle-même, emploie cette expression dans un rapport sur ce lot, adressé à Mme Charles de Charette en mil neuf cent quinze.

« C'est aussi la façon de parler du clergé de la région. M. Alain de Charette appelait cela le *dépôt de famille*. Mme François de Charette dit encore, dans divers écrits, *capital inaliénable, lot des œuvres* ;

« 3° Dans la série de lettres que M. François de Charette a écrites à Mme Charles de Charette, sa belle-sœur, et à son frère, M. Charles de Charette, de 1914 à 1916, M. François laisse entendre qu'il ne doit pas bénéficier du lot préciputaire. Il dit notamment, le 18 mai 1915 : « Aussi, comme il m'est interdit de tirer un bénéfice quelconque de la part préciputaire, tant que « les pensions ne seront pas payées, revenant sur le projet de réduction du quart, j'affecterai au « paiement des pensions ce que rapportera le lot préciputaire, mais sans plus ».

« Il venait de dire : « Il est évident qu'en temps normal je devrais les servir, quoiqu'il « puisse m'en coûter ».

« S'il ne ressort pas de là que M. François de Charette croyait injuste de percevoir un bénéfice après les pensions payées, il ressort clairement de là et des autres passages où il parle de la réduction des pensions, qu'il regardait le préciput à peine suffisant pour faire face aux charges, par conséquent entièrement voué à leur service.

« Dans les lettres à sa femme, M. François se montre plutôt propriétaire absolu du lot ;

« 4° La gérance du lot préciputaire constitue un labeur appréciable. Si M. Alain de Charette n'a pas eu l'intention d'avantager M. François, il ne peut avoir eu l'intention de lui imposer une charge qui lui causât un préjudice par la perte de temps et les frais.

« Une rémunération estimée loyalement est juste et ne saurait être dite « bénéfice du lot préciputaire ».

« Il est à remarquer que, précisément, le choix des éléments du lot préciputaire a eu pour but d'assurer le plus de revenus avec le moins de soins de gérance ; il y a surtout des prairies ;

« 5° Les affirmations de Me Sabatier, dans sa note du 11 novembre 1922, sur le but réel du lot préciputaire, montrent que ce lot était vraiment une garantie pour la durée de la fondation, garantie que d'ailleurs Me Sabatier estimait levée par le remboursement ;

« 6° La garantie ayant été assurée par des domaines dont le revenu était jugé à l'époque équivalent à la rente de 10.400 francs, il est tout à fait dans l'esprit du fondateur de faire marcher parallèlement, dans leurs mouvements ascendants en valeur nominale, d'un côté les revenus des domaines, de l'autre la rente à servir, car si la rente à servir augmentait par suite de la diminution de la valeur de l'argent, la plus-value des revenus ne sert pas à faire face à ces besoins plus grands. La garantie est illusoire, les écoles tombent, ce qui est arrivé, et le fondateur est frustré dans ses intentions.

« M. François de Charette reconnaissait ce caractère de dépendance entre la rente à servir dans l'interprétation des intentions du fondateur et la valeur actuelle du lot de garantie, quand il diminuait de 25 % les pensions (18 mai 1915), à l'heure où il redoutait une insuffisance des revenus du lot de garantie ;

« 7° Le détail des sommes à servir aux écoles, demandées par le fondateur, indique que M. le baron d'Aubigny n'entendait pas imposer partout l'entretien complet des écoles. Il veut donner *une facilité à la mission des maîtres*. Exemples : Bagneux, Saint-Plaisir, Saint-Menoux, ont chacun deux cents francs seulement. Par contre, il ne semble pas que le surplus des revenus du lot préciputaire, après une augmentation proportionnelle accordée partout, s'il y en a, doive être employé à l'entretien complet des dites écoles qui, sans cela, crouleraient.

« Mais au fond, cela est pourtant l'esprit de la fondation.

« L'œuvre du baron ne peut être durable, comme il le voulait, qu'à la condition de varier l'emploi des revenus du lot préciputaire, selon les possibilités des œuvres catholiques, si une école est fermée, que les revenus soient employés à soutenir les autres ou, à leur défaut, d'autres œuvres paroissiales de circonstance ;

« 8° Le testament du baron d'Aubigny vise : 1° la conservation des immeubles à leur affectation, et 2° les rentes à servir. Si les rentes disparaissaient, les immeubles devraient encore être laissés au service des œuvres paroissiales ;

« 9° Il est notoire, et cela ressort de l'examen des lieux, que le baron d'Aubigny et M. Alain de Charette avaient pris leurs précautions pour assurer l'indépendance des cures et des écoles. Ces immeubles sont dotés ou au moins escortés de parcelles de terre qui, non aliénées, protègent contre le voisinage et toute construction nuisible à l'œuvre. Aliéner ces parcelles de terre, c'est aller directement contre les plans fort sages du fondateur, et préparer la ruine de l'œuvre catholique, qui est la gloire de la famille ;

« 10° Cette manière de voir est tellement dans la mentalité du pays que les premiers essais de vente ont produit presque un scandale. Les gens qui seraient désireux d'acheter, se rendant compte qu'il y a un caractère sacré [attaché] à ces biens, hésitent, viennent demander permission à M. le Curé de la paroisse d'Augy ou promettent de rendre au prix d'achat ce qu'ils achèteront, si c'est nécessaire ;

« 11° Cependant, la perpétuité des fondations n'est pas absolue ; quand leur accomplissement devient impossible, les responsabilités cessent. Cette considération pourrait incliner vers une solution affirmative pour la vente du lot préciputaire, puisque le mandataire, qui veut se libérer de son mandat, estime qu'il n'a point d'autre moyen de se procurer les ressources que la vente.

« Mais il y a contre, qu'en l'espèce les cohéritiers s'offrent à reprendre en nature le lot préciputaire, afin d'assurer les charges de la fondation, qui ainsi reste possible.

« Il ne faut pas oublier, en effet, ce que disait Mᵉ Sabatier, dans sa note du 14 novembre 1922, à savoir que les obligations d'honneur et de conscience, résultant du testament d'Aubigny, s'imposent à tous les héritiers de M. Alain de Charette, y compris le mandataire actuel supposé libéré de son mandat par le remboursement des 346.666 francs. La libération du mandat n'entraîne point l'extinction de ces obligations, qui restent aussi instantes, car un remboursement de 346.666 fr. ne permettrait pas de soutenir actuellement toutes les œuvres, parce que les allocations doivent être augmentées, tandis que les revenus des terres le permettraient ;

« 12° Si l'on considère la présence du Supérieur du Petit Séminaire, comme signataire de l'acte de partage de M. Alain de Charette, on est amené à y voir la volonté de M. de Charette de mettre officiellement, sans pouvoir le faire légalement, à cause de la persécution religieuse, ses intentions sous le contrôle de l'autorité ecclésiastique ;

« 13° M. l'abbé Chenillat, le Supérieur en question, est des plus affirmatifs, dans sa lettre du 11 décembre 1922, pour dire que la volonté de M. de Charette était d'assurer une fondation pour les œuvres catholiques ;

« 14° Un éminent avocat, M. L'Ebraly, qui a pris connaissance de l'affaire, est énergiquement affirmatif pour l'obligation de conscience qui incombe au mandataire de M. de Charette, relativement à la destination des écoles et autres immeubles. Mais il ne parle pas de la vente du lot préciputaire ;

« 15° Si l'on consulte la comptabilité relative aux revenus du lot préciputaire, tenue par Mᵐᵉ Charles de Charette, de 1914 à 1917, on constate d'abord sur l'ensemble un déficit de 697 fr. 76. Mais, du 29 juillet 1915 en juin 1917, il a été vendu pour 15.683 fr. 65 de bois. En réalité, c'était un bénéfice, après les rentes payées, de 14.985 fr. 80. Pendant cette période, c'est donc sans fondement que M. François a diminué les pensions des maîtres d'écoles.

« A l'origine, les biens du lot préciputaire, constitués surtout d'importantes prairies, étaient regardés comme pouvant rapporter un revenu bien supérieur à 10.400 francs. A plus forte raison en ce moment de plus-value nominale presque triplée ;

« 16° S'il est vrai que l'Evêque peut permettre l'aliénation des biens d'Eglise, pour des raisons graves, quand la valeur n'en dépasse pas 30.000 francs, ou demander l'autorisation à Rome pour des valeurs supérieures, il est vrai que cela ne s'applique pas dans l'espèce, puisque les héritiers responsables du fondateur vivent encore et s'opposent tous, sauf un, à cette aliénation. Le code canonique oblige à s'entendre avec le fondateur ou ses héritiers avant tout ;

« 17° Le lot constitué sur le titre de M. François de Charette n'a pas d'autre signification qu'un bien d'Eglise confié à un propriétaire légal, comme cela arrive, dans la plupart des cas, depuis la spoliation par l'Etat. C'est ainsi que l'a jugé l'opinion et que le répète M. l'abbé Chenillat, signataire de l'acte de partage ;

« 18° La situation n'est plus entière, la vente a été commencée de bonne foi ;

« 19° La qualité de biens ecclésiastiques est nettement définie par le droit canonique ;

« 20° Aucun empêchement ne s'opposait à ce que M. Alain de Charette imposât à son mandataire la condition de restituer le lot préciputaire, au lieu de rembourser un capital. S'il ne l'a pas fait, c'est donc qu'il n'avait pas les intentions qu'on lui prête, et la lettre seule de l'engagement reste l'expression même de sa volonté. Cela est si vrai qu'il envisageait la libération partielle, par suite de cessation d'une ou de plusieurs écoles. A ce moment, le mandataire n'avait certainement pas à restituer une parcelle de terre. Si toutes les écoles cessaient successivement, la libération devenait totale et le lot restait la propriété absolue de M. François de Charette, par conséquence du remboursement de 346.666 francs effectué par tranche. Le remboursement en bloc a-t-il donc une autre nature ?

« 21° Si les intentions du fondateur étaient de conserver un fief aux œuvres catholiques, et qu'on veuille imposer le respect de ces intentions, en tant qu'elles seraient constituées d'un fief inaliénable, comment expliquer qu'elles étaient sauvegardées dans la vente du Réray ? Car un changement d'administrateur eût pu rendre productive de bénéfices cette propriété non suffisamment mise en valeur ;

« 22° L'engagement de M. François le laisse juge de la possibilité de conserver aux immeubles leur destination spéciale, de même qu'il le laisse juge de se libérer, par remboursement, des allocations à servir. Si on admet qu'en conscience il peut se libérer en remboursant le capital, on est amené à lui concéder qu'il peut aussi vendre les écoles et les cures, ou les employer à un autre service. Cette conclusion, réellement destructive de l'œuvre du fondateur, doit être rejetée. Alors, n'est-on pas obligé, pour l'éviter, de dire que la lettre du pacte de famille ne donne pas les vraies intentions du fondateur, lesquelles visaient bien l'inaliénabilité du lot préciputaire tout entier ».

CHAPITRE XV

L'AUDIENCE DU 6 FÉVRIER 1923

On doit y signaler, en particulier, la déposition de MM. les chanoines Chenillat et Lavignon, et la lecture de deux rapports de M⁰ Pruvost.

Nous donnons ici, à titre purement documentaire, le procès-verbal de l'audience, ainsi que le texte du premier rapport de M⁰ Pruvost. Le second rapport de l'avoué de Mme François de Charette, concernant exclusivement la question du " Pré de Couzon ", sera reproduit aux pièces documentaires (1).

---

(1) Doc. n. LVII. — Le texte du *Procès-verbal* de M. MICHEL, cité ici, fait partie du *Rapport* de M. le Vicaire général Meilleroux (Doc. n. LXXXII).

§ 1er. — Procès-Verbal de l'Audience

Procès-verbal de l'audience du 6 février 1923, dans le cabinet de Mgr l'Evêque:

« Au début de l'audience, M. le Vicaire général Michel, qui a rempli les fonctions de rapporteur de l'affaire, prie Monseigneur de poser à MM. Lavignon et Chenillat la question suivante:

« 1° *Le pacte de famille de 1902 n'était-il, dans les intentions exprimées oralement par M. A. de Charette, qu'un pis-aller, une simple garantie légale contre l'infidélité possible de l'héritier à des obligations de conscience plus étroites que celle que contient le texte du dit pacte?*

« Les deux témoins s'accordent pour répondre négativement.

« Une seconde question leur est posée en ces termes :

« 2° *Monsieur A. de Charette a-t-il exprimé oralement, nettement, des intentions différentes de celles qui sont exprimées formellement dans le pacte de famille, et tendant à imposer à l'héritier, chargé des œuvres, l'obligation de ne pas aliéner, ni en partie ni en totalité, le lot qui est la garantie de l'accomplissement des charges, soit avant, soit pendant, soit après le remboursement du capital stipulé dans le pacte de famille?*

« Les deux témoins donnent encore une réponse négative.

« Une troisième question leur est posée :

« *Si l'on admettait que M. A. de Charette ait eu les intentions susdites, pourquoi n'a-t-il pas consigné par écrit ses intentions vraies, alors qu'aucun obstacle ne s'y opposait?*

« A cette question, M. l'abbé Chenillat répond d'une façon qui atténue la portée négative des réponses précédentes. Il n'est pas venu à l'esprit de M. A. de Charette qu'on pût un jour discuter le vrai sens de la libéralité qu'avait faite à l'Eglise M. le baron d'Aubigny, qui entendait assurer aux œuvres des revenus terriens, en consacrant à leur service un certain nombre de terres. Ce vrai sens, M. Alain de Charette l'avait accepté et le transmettait à celui de ses héritiers qu'il avait choisi pour servir les œuvres catholiques, sans penser, étant données les traditions de sa famille, qu'il pût y avoir hésitation. Aussi exprimait-il son assurance et sa joie, après le partage fait, en disant : « Enfin ; en voilà pour cinquante ans ! ».

« M. l'abbé Lavignon ne nie point que ce fussent là des espérances de M. A. de Charette, mais il dit qu'elles ne traduisent pas des intentions destructives des facilités laissées par le pacte de famille.

« Une quatrième question est posée aux témoins au nom de Monseigneur par M. le Vicaire général Michel :

« 4° *Monsieur François de Charette a-t-il eu connaissance de ces intentions vraies, supposées existantes au moment où il acceptait et signait le pacte de famille, et a-t-il manifesté qu'il les acceptait aussi ?*

« M. l'abbé Chenillat estime que M. François ne devait rien ignorer de la mentalité de M. le baron d'Aubigny, qui était aussi celle de M. A. de Charette.

« M. l'abbé Lavignon affirme que maintes fois M. François de Charette a dit ou écrit à sa femme qu'il ne s'était engagé à rien autre qu'à ce que contenait le pacte de famille.

« Après ces dépositions, Messieurs les avoués sont priés d'interroger les témoins, s'ils le désirent :

« Seul, Me Vivier pose cette question à M. l'abbé Lavignon :

« *Supposé non existant le pacte de famille, estimez-vous que les intentions du baron d'Aubigny « sont sauvegardées par la vente des parcelles du lot préciputaire?* ».

« A cela, M. Lavignon répond: « Sans doute, le baron aurait voulu la continuation terrienne « de ses œuvres, mais les meilleurs désirs doivent céder devant certaines nécessités. Mme François de

« Charette a dû rembourser 45.000 francs de cheptel, il y a deux ans, sur un domaine du lot préci-
« putaire; l'an prochain, un autre remboursement de ce genre s'imposera pour un autre domaine ».

« M. le Vicaire général Michel demande alors aux témoins s'ils veulent prendre eux-
mêmes l'initiative de quelques déclarations non amenées par les questions posées.

« M. l'abbé Lavignon rappelle alors que Mme François de Charette a dû payer de ses
deniers près de 400.000 francs pour empêcher la saisie du lot préciputaire, son mari étant mort
insolvable. A cela, Me Vivier oppose que M. François de Charette n'avait fait ces dettes que pour
tirer d'affaires M. Bernard, le frère de Mme François. Me Pruvot fait remarquer que, quoiqu'il
en soit, un lot terrien, qui peut légalement être saisi, assure mal la vie des œuvres.

« M. l'abbé Lavignon dépose des notes qui restent annexées au dossier, ces notes se
rapportent aux considérants énoncés par M. le Vicaire général Michel, dans son rapport général
lu à l'audience du 13 décembre 1922.

« M. l'abbé Chenillat dit qu'il écrira un mémoire pour relater l'histoire de la fondation
du baron d'Aubigny, qui est en train de s'émietter.

« Les témoins quittent alors le cabinet de Monseigneur et la parole est donnée à
Me Pruvot, qui donne lecture de deux rapports, l'un sur la question générale des œuvres du
baron d'Aubigny, l'autre sur la vente du pré de Couzon.

« Après quelques éclaircissements provoqués par des questions posées par M. le Vicaire
général Michel et Me Vivier, les rapports de Me Pruvot sont remis à Me Vivier, qui se réserve
d'examiner certains faits dont il n'avait pas connaissance et les retournera à Monseigneur l'Evêque,
le lundi douze courant, avec ses réflexions personnelles.

« La séance est levée à onze heures un quart.

« *Le Secrétaire rapporteur,*

« A. MICHEL, *Vicaire général* ».

§ 2. — NOTE DE Me PRUVOT (6/12 février 1923)

Pour les ayants droit de M. François de Charette

LOT PRÉCIPUTAIRE

« Les questions posées se rapportent à deux principales questions :

« 1° Les biens constituant le lot préciputaire sont-ils biens d'Eglise ?

« 2° Est-ce les revenus du lot préciputaire qui doivent être employés à l'entretien des écoles
ou les sommes fixées par M. le baron d'Aubigny, quel que soit le montant de ces revenus ?

I

« Il faut distinguer entre les immeubles affectés aux cures et aux écoles et les autres :

« Ceux affectés aux cures et aux écoles ne sont pas en question ;

« Pour les autres, on ne peut les considérer comme biens d'Eglise.

« L'Eglise, ni pour elle, ni pour ses œuvres, n'en a la possession, ni directe ni indirecte.

« M. Alain de Charette, non plus que ses héritiers, n'ont jamais eu l'intention de considérer
ces immeubles comme biens d'Eglise.

« M. Alain de Charette n'a manifesté cette intention dans aucun acte, ni écrit quelconque.

« Si l'on considère l'engagement de M. François de Charette, dit " Pacte de famille ",
comme l'expression de la volonté de M. Alain de Charette, on y voit manifesté clairement et
expressément le droit absolu pour M. François de Charette de se libérer de ses charges par le
paiement d'une somme d'argent, ce qui était l'expression formelle que, dès la donation, les immeubles
étaient la pleine propriété et définitivement de M. François de Charette.

« Et si réellement l'intention de M. A. de Charette eût été autre, rien ne l'empêchait de le manifester, en dehors des actes officiels, dans une contre-lettre, comme l'engagement de M. François de Charette.

« Au surplus, M. Alain de Charette ne faisait qu'assurer les volontés de M. le baron d'Aubigny de la même manière que celui-ci.

« M. le baron d'Aubigny avait légué sa propriété avec la charge de payer pour les écoles les sommes stipulées par lui. Pourrait-on dire que pour cela les propriétés qu'il léguait étaient biens d'Eglise ?

« M. Alain de Charette a de même légué une propriété avec charge de payer les mêmes sommes et une faculté de s'affranchir de ces charges en payant une somme d'argent.

« M. Alain de Charette ne pouvait d'ailleurs envisager la conservation de ce lot dans son intégrité, la survenance à M. François de Charette, d'enfants et petits-enfants, amènerait fatalement l'obligation de partage un jour ou l'autre, comme cela était arrivé pour l'héritage de M. le baron d'Aubigny. Et l'on conçoit que M. Alain de Charette ait envisagé le remboursement d'une somme d'argent. S'il eût voulu qu'il en soit autrement, il eût fait une fondation.

« Le choix d'ailleurs des immeubles composant ce lot préciputaire montre l'intention qu'ils restent en propriété à M. François de Charette : un château, les dépendances de ce château, des terres entourant ce château. Peut-on concevoir que pour assurer les écoles, on donne un château inutilisable pour ces écoles et improductif, constituant, au contraire, une charge pour son entretien, et si l'on prétend que le château ne faisait point partie des immeubles affectés aux écoles, peut-on concevoir qu'on ait donné à M. François de Charette un château isolé au milieu de terres qui ne lui appartiendraient point.

« M. François de Charette, non plus, n'a jamais envisagé qu'il fût un simple dépositaire et non propriétaire de ces immeubles; rien dans sa correspondance ne peut justifier une semblable idée ; au contraire, dans une lettre à Mme François de Charette, il dit : « ... Elle (Mme Charles « de Charette) se trompe également du tout au tout, en ce qui concerne les obligations relatives « au lot préciputaire. J'ai là-dessus l'avis de Sabatier et de Durand, tous deux en concordance, « par le fait que j'ai accepté ce lot et les charges y afférentes, ce lot est ma propriété, au même « titre que mon lot propre ».

« On ne saurait tirer argument de ce qu'à un moment M. François de Charette ait pu envisager, d'accord avec son père, M. Alain de Charette, la transmission du lot préciputaire à M. Charles de Charette. Il ne s'agissait pas de transmettre seulement le lot préciputaire, mais aussi le lot représentant sa part héréditaire.

« En somme, il s'agissait d'un échange entre les deux frères. M. François de Charette transmettait ses droits et obligations, sans que cela impliquât que le lot préciputaire fût bien d'Eglise et sans, d'ailleurs, en demander l'autorisation à l'autorité ecclésiastique.

« Les cohéritiers de M. François de Charette ne considéraient pas non plus ces immeubles comme biens d'Eglise.

« Lorsqu'en 1920 Mme François de Charette proposa de rembourser les sommes stipulées, tous acceptèrent ; aucun n'éleva d'objection ; tous étaient parfaitement d'avis de continuer à affecter les sommes aux écoles, mais aucun n'émit le moindre doute sur la légitimité des droits de propriété des ayants droit de M. de Charette sur ces immeubles. (Voir les lettres écrites à Mme François de Charette).

« D'autre part, M. Charles de Charette dit à M. le baron de Crousaz que s'il avait l'intention de vendre la locaterie des Quatre-Vents, il ferait bien de la proposer à Mme la comtesse de Guigné avant de la vendre à des étrangers (le 9 novembre 1922). A ce moment, M. Charles de Charette considérait donc les ayants droit de M. François de Charette comme propriétaires ayant droit de disposer des immeubles.

« Enfin, c'est aussi l'avis de Me Sabatier qui, dans sa note parlant du remboursement de 346.666 francs, dit : « Ce fait n'a pour conséquence que de le libérer de son mandat, de *libérer le* « *lot préciputaire de la garantie qui le grevait et d'affecter désormais* à l'exécution des prescriptions « testamentaires du baron d'Aubigny, la *somme de 346.666 francs*, représentant la valeur de ce lot ».

« Ainsi, en résumé, jamais l'Eglise, ni par elle-même, ni par ses œuvres, n'a été en possession, ni *directement*, ni *indirectement*, de ces immeubles, et il n'était dans l'intention, ni de M. Alain de Charette, ni de M. François de Charette, ni des autres héritiers de M. de Charette, de considérer ces immeubles comme biens d'Eglise.

II

« M. Alain de Charette a voulu assurer l'exécution des volontés de M. le baron d'Aubigny. Pour interpréter la volonté de M. Alain de Charette, il faut considérer la volonté de M. le baron d'Aubigny. Celui-ci ne prescrit pas d'entretenir telle ou telle école ; il stipule des sommes fixes à verser à des écoles déterminées.

« Nulle part, M. Alain de Charette n'a dit qu'il voulait faire autre chose que ce qu'avait prescrit M. le baron d'Aubigny. Si l'on considère l'engagement de M. François de Charette, comme représentant la volonté de M. Alain de Charette, on voit qu'il n'est prescrit que le paiement des sommes stipulées par M. le baron d'Aubigny. Il n'y est pas question d'affecter les revenus eux-mêmes du lot préciputaire, avec leurs variations, à l'entretien des écoles. Cet engagement prouve, au contraire, que M. Alain de Charette n'envisageait que le paiement des sommes fixes stipulées, puisqu'il fixe le capital qui, par ses intérêts, doit produire la somme fixe de 10.400 francs ; et si M. Alain de Charette eût voulu que ce fussent les revenus du lot préciputaire qui servent eux-mêmes à l'entretien des écoles, rien ne l'empêchait de manifester sa volonté dans une contre-lettre, pacte d'honneur, comme l'engagement de M. François de Charette, en marge des actes réguliers.

« D'ailleurs, il n'est pas possible de supposer que M. Alain de Charette ait voulu établir une corrélation entre les revenus du lot préciputaire et les besoins des écoles, les uns ne dépendant pas des autres.

« On raisonne aujourd'hui avec des faits anormaux accomplis, conséquences de la guerre, qu'on ne pouvait prévoir avant la guerre, et qui peuvent se modifier dans un avenir plus ou moins proche; mais pour interpréter les intentions de M. Alain de Charette il faut se placer au moment où il faisait le partage de ses biens.

« Il ne pouvait lui venir à l'esprit de subordonner les subventions aux écoles au plus ou moins de revenus que donneraient les biens, car supposer qu'on dût employer aux écoles les revenus supérieurs aux sommes fixées, c'était supposer qu'on diminuerait les subventions si les revenus diminuaient, c'est alors qu'il eût été impossible d'avoir des écoles avec des revenus aussi aléatoires.

« On ne peut pas tirer argument de ce que M. Alain de Charette n'a pas voulu avantager son fils François avec le lot préciputaire, et dire que si celui-ci pouvait profiter des revenus dépassant les sommes fixées, il serait ainsi avantagé.

« Car M. Alain de Charette n'a pas voulu, non plus, désavantager son fils, et si les revenus étaient inférieurs, il aurait bien eu, néanmoins, l'obligation de payer les sommes fixées, et alors il eût été désavantagé.

« Et au moment du partage, on pouvait bien entrevoir que la propriété pouvait rapporter net moins de trois pour cent, et, en fait, si l'on veut considérer les revenus exacts, depuis que M. François de Charette a eu la jouissance de son lot préciputaire, on verra que la plupart des années n'ont donné des revenus que bien inférieurs aux sommes à payer aux écoles et même, en prenant l'ensemble des années, le résultat est nettement déficitaire. (Voir les comptes de Mme François de Charette).

« En réalité, comme dans tous les partages pour établir l'égalité entre tous les cohéritiers, M. Alain de Charette n'a envisagé que la valeur actuelle au moment du partage, sans se préoccuper des fluctuations postérieures de valeur et de revenus des lots. Il est impossible qu'il en soit autrement, la valeur du lot préciputaire et des charges qui y sont attachées ont été fixées à forfait.

« Jamais M. François de Charette ne l'a compris autrement. On cite sa correspondance pendant la guerre. Si M. de Charette parle de diminuer les allocations, ce n'est pas parce que les revenus du lot préciputaire ont diminué, c'est parce qu'il envisage qu'il n'aura pas les moyens matériels de les payer, même avec ses autres ressources.

« Il dit : « Au sujet des pensions à payer aux écoles, je ne puis m'obliger à les payer intégra-
« lement sans savoir ce que durera l'état de choses actuel ; je paierai les pensions jusqu'à
« concurrence de ce que rapportera le lot préciputaire constitué à cet effet. *Cette décision m'est*
« *imposée parce que le revenu de mes deux lots ne suffira peut-être pas toujours au service de ces*

« *pensions*, si la guerre dure, que mes autres revenus sont, pour ce même motif, très aléatoires, et
« que pour vivre j'aurai très vraisemblablement besoin du revenu de mon lot propre, si modique
« soit-il... ».

« Loin de considérer qu'il ne doit que les revenus du lot préciputaire, il considère qu'il est
tenu de tout payer, même sur ses autres ressources; s'il ne le fait pas, c'est qu'il y a une impossibilité
matérielle, mais ce n'est que *temporaire:* « En ce qui concerne les traitements aux écoles, dit-il, je ne
« crois pas, sauf erreur, que nous soyions solidaires ; les cohéritiers ne sont pas responsables, mais
« moi le suis vis-à-vis d'eux, en ce sens que je ne puis changer l'état de choses sans les aviser ou les
« rembourser. A la fin de la guerre, je les aviserai de ce que j'aurai été obligé de changer tempo-
« rairement ».

« Ailleurs, il dit : « Il est évident qu'en temps normal je devrais les *servir, quoi qu'il puisse*
« *m'en coûter,* mais les circonstances que nous traversons étant extraordinaires, autorisent des mesures
« extraordinaires... ».

« Ailleurs, il dit : « La cessation, même partielle, des pensions devrait entraîner le
« remboursement à mes cohéritiers du capital afférent à la rente non payée, mais je pense que mes
« cohéritiers comprendront que cette *mesure n'est que momentanée* et imposée par la force majeure... ».

« Loin de considérer qu'il n'a pas le droit de bénéficier des revenus du lot préciputaire,
il dit dans une de ses lettres : « Aussi, comme il m'est interdit de tirer un bénéfice quelconque de la
« part préciputaire, *tant que les pensions ne sont pas payées,* revenant sur le projet de réduction du
« quart, j'affecterai au paiement des pensions ce que rapportera le lot préciputaire, mais sans plus... ».
C'est bien dire que si les pensions sont payées, il a le droit de bénéficier des revenus du lot préciputaire.

« Ainsi, en résumé, rien ne peut faire supposer que M. Alain de Charette ait eu l'intention
de subordonner le quantum des sommes à payer aux écoles au quantum des revenus produits par le
lot préciputaire. On ne peut imaginer que M. François de Charette aurait été obligé d'appliquer aux
écoles les suppléments des revenus, sans que, par contre, il ait été autorisé à diminuer les paiements,
si les revenus étaient inférieurs aux sommes fixées. Et il est impossible de supposer que M. Alain de
Charette ait envisagé que les sommes à payer puissent être diminuées.

« Et M. François de Charette ne l'a jamais compris autrement. S'il a diminué les sommes,
c'est par force majeure et *temporairement.*

« Mais alors on fait intervenir un argument de fait. La somme de 10.400 francs, dit-on,
est insuffisante; les écoles sont vouées à la fermeture, c'est annihiler indirectement les volontés de
M. le baron d'Aubigny. Il faudrait rembourser la valeur actuelle des biens.

« Cet argument ne porte pas.

« Les sommes à payer sont des sommes annuelles. Pour y faire face, il faut considérer non
le capital remboursé, mais les revenus qu'il peut procurer. Or, aujourd'hui, les capitaux rapportent
six pour cent et non trois pour cent. Le capital remboursé peut donc donner un revenu double de celui
prévu lors de la constitution du lot préciputaire.

« On peut même dire que l'intérêt de l'argent est toujours plus élevé que le revenu de la
terre. Il est aussi plus fixe, ses échéances plus sûres et, pour faire face aux paiements pour les écoles,
c'est plus avantageux.

« On ne peut pas dire que la propriété est plus sûre que l'argent. Si on le pense ainsi
aujourd'hui, en 1914 et 1915 on pensait le contraire ; que réserve l'avenir ?

« En tous cas, l'argent est d'un maniement plus facile.

« Les cohéritiers disent qu'ils sont prêts à reprendre le lot préciputaire pour l'administrer au
profit des écoles. Peut-on penser à revenir à une propriété collective entre neuf ou dix cohéritiers ?
M. Alain de Charette a voulu éviter cette propriété collective pour éviter la dispersion de la charge
du paiement des sommes stipulées sur plusieurs têtes. Et puis, ce lot qui se perpétuerait dans son
intégrité, malgré les décès et partages, ne serait-il pas l'indication d'une fondation pieuse, toute désignée
à la main-mise d'un séquestre en cas de lois spoliatrices ?

« On alléguera qu'on le remettra à une société civile; mais il sera plus facile à une société
civile de fonctionner avec des capitaux, et il sera plus facile de les soustraire que des immeubles aux
effets des lois spoliatrices.

« Il ne faudrait pas prétendre que les ayants droit de M. François de Charette tirent un
bénéfice énorme de la plus-value actuelle du lot préciputaire. Ils n'ont vendu que cinq hectares

de terre. Ils gardent le reste. Qui pourrait donc affirmer que la plus-value actuelle se maintiendra ? Que les revenus de la terre ne baisseront pas ?

« Pendant les années de guerre, les revenus ont été au-dessous des sommes à payer pour les écoles. Pour rendre les domaines plus productifs, il a fallu transformer des domaines affermés à prix de ferme en domaine à métayage ; il a fallu y adjoindre un nombre considérable d'hectares pris sur les terres du lot héréditaire, il a fallu constituer des cheptels, c'est-à-dire verser des capitaux importants, — tout cela mériterait bien une rémunération supplémentaire.

« Les ayants droit de M. François de Charette ont présenté un compte de remboursement ; ils ne l'ont point présenté comme intangible et sont prêts à soutenir une discussion.

« Ils retiennent leur part conformément au pacte, mais ils prennent à leur compte la charge de l'école d'Aubigny, dont la dépense est supérieure à la subvention prévue.

« Ils retiennent la valeur de l'estimation des immeubles des cures et écoles pour 31.000 fr., mais en plus ils laissent sans aucune rémunération le presbytère, son rural, et l'école d'Aubigny, qui sont bien compris dans l'estimation du lot préciputaire, mais sans chiffres spéciaux.

« En résumé, l'œuvre des écoles ne perd rien ; l'augmentation des intérêts des capitaux lui assure de plus grandes ressources. Elle a la latitude d'en disposer suivant les nécessités, au lieu d'être limitée à des sommes fixes spécialement affectées à des écoles déterminées.

« Vouloir faire cadrer les sommes à payer annuellement avec les revenus du lot préciputaire ou faire verser comme capital la valeur actuelle des immeubles de ce lot, outre que ce serait contraire aux intentions de M. Alain de Charette, ce serait, dans le premier cas, exposer les ressources des écoles à un aléa bien dangereux, ou dans le deuxième cas, étant donné que les immeubles du lot préciputaire ne sont pas vendus, faire subir injustement aux ayants droit de M. François de Charette une perte certaine, car la valeur actuelle de la propriété ne pourra que diminuer.

« E. Pruvot (1) ».

CHAPITRE XVI

RÉPONSE DE Mᵉ VIVIER A LA NOTE DE Mᵉ PRUVOT

Les notes de Mᵉ Pruvot furent données en communication à Mᵉ Vivier, avoué de M. Charles de Charette et de ses commettants, en vue d'une réponse. Nous donnons ici le texte entier de la réponse à la première note ; celui de la seconde, concernant le " Pré de Couzon ", sera donné dans la partie documentaire (2).

« Réponse à la note du 6 février 1923, sur le " Lot des œuvres " :

« Deux questions sont posées par Mᵉ Pruvot :

« 1ᵒ Les biens constituant le lot préciputaire sont-ils des biens d'Eglise ?

« 2ᵒ Est-ce les revenus du lot préciputaire qui doivent être employés à l'entretien des écoles, ou les sommes fixées par M. le baron d'Aubigny, quel que soit le montant de ces revenus ?

Premièrement :

« La première question « Le lot des œuvres est-il bien d'Eglise ? » ne peut être tranchée que par l'autorité épiscopale, puisque les questions qui se posent sont uniquement d'ordre de conscience et non de droit.

---

(1) La *Note* de Mᵉ Pruvot et la *Réponse* qui suit, de Mᵉ Vivier, sont extraites du *Rapport* de M. le Vicaire général Meilleroux (Doc. n. LXXXII).

(2) Doc. n. LVIII.

« L'Eglise, ni pour elle, ni pour ses œuvres, n'en a la « possession ni directe ni indirecte ».

« Lors du testament de M. le baron d'Aubigny, il était impossible de laisser à l'Eglise des écoles et des parcelles de terres. C'était la pleine période de la persécution contre l'enseignement libre, et afin de ne pas rendre le testament attaquable, le testataire ne pouvait exprimer qu'un désir, sans préciser le mot donation.

« Lors de la constitution du *lot des œuvres*, M. Alain de Charette ne pouvait pas davantage préciser une donation qui risquerait de devenir la proie de la loi Briand. Dans toutes les notes et lettres laissées par M. Alain de Charette, on trouve cette idée très nette de faire posséder à des civils les biens devant servir l'Eglise, et c'est ainsi que, faisant un rapprochement, M. Alain de Charette a tout fait pour rester possesseur du Réray, comme il en avait le droit, par les jugements du Tribunal de Moulins et de la Cour de Riom, afin de le sauver davantage de la persécution, et si en un long rapport et par des lettres écrites à Mgr Lobbedey il exprimait son désir de posséder le Réray, pour le maintenir à la disposition du diocèse, c'était dans la crainte unique que des biens possédés par des prêtres ne subissent fatalement la loi de spoliation.

« Il eût donc été un non-sens que devant des idées si nettement exprimées, M. A. de Charette constituât une fondation pour la remettre au diocèse. Son unique but était de maintenir intégralement les œuvres du testataire et l'unité de la terre d'Aubigny, c'est ainsi qu'il s'exprimait à ce sujet : « Je me considère (en parlant de M. d'Aubigny) comme un autre lui-même ».

« Dans cet état d'esprit, M. A. de Charette ne pouvait concevoir une autre forme pour perpétuer les œuvres de M. d'Aubigny qu'en les liant si étroitement à la terre d'Aubigny qu'elles ne fassent pour ainsi dire qu'un, et c'est ainsi qu'il constituait par le partage anticipé de la terre d'Aubigny un onzième lot.

« Ayant dix enfants, il en adoptait donc un onzième, " les œuvres ". Il semble que cette évidence est assez frappante pour que M. Alain de Charette n'ait pas eu besoin de préciser davantage son intention très nette par une lettre ou par tout autre acte privé.

« En effet, en créant un onzième lot, il ne faisait qu'assurer les volontés de M. le baron d'Aubigny, de la même manière que lui.

« En 1898, quand par testament les rentes des écoles furent fixées, elles étaient au-dessus de la moyenne pour l'époque. M. A. de Charette, en constituant le onzième lot, l'avait capitalisé au taux de 3 % et le revenu correspondait aux sommes à verser : 10.400 francs.

« En 1923, ces rentes à servir aux écoles se trouvent de moitié inférieures aux exigences actuelles, mais le *lot des œuvres* se trouve plus que doublé de valeur, logiquement la progression de la valeur du lot devait parfaire au moins les traitements des écoles d'Aubigny, d'Augy et de Couzon.

« Il faut toujours en revenir au point initial, le testament de M. d'Aubigny, qui dit « de « laisser à ses cures et écoles l'affectation spéciale que je leur ai donnée ».

« Pour perpétuer autant que possible ce désir, M. de Charette ne pouvait faire plus que d'adopter un onzième enfant, " les œuvres ", qu'il dotait au même titre que ses enfants ; et pour mieux le préciser, l'acte de partage était signé par un représentant officiel du diocèse, M. l'abbé Chenillat, Supérieur du Réray.

« Si dans le pacte de famille il y a la phrase : « Dont je suis seul juge », cela ne s'explique que trop. Là encore, il ne faut pas perdre de vue l'époque de persécution pendant laquelle ce pacte a été fait : 1902. Il était donc tout naturel que, dans le cas où les écoles auraient été spoliées, les œuvres rendues inexistantes, M. François de Charette, dépositaire du onzième lot, rendît à chacun de ses frères et sœurs sa part virile héréditaire, comme s'ils héritaient du décès d'un de leurs membres, ce onzième lot rendu inexistant. Il est donc impossible d'affirmer que ce onzième lot était la propriété réelle de M. François de Charette, et si telle avait été l'idée de M. Alain de Charette, il n'aurait pas imposé cette restitution.

« Le projet d'échange entre M. François de Charette et son frère Charles, désiré par M. Alain de Charette, ne l'était que dans le but de perpétuer les œuvres et de conserver l'intégralité d'Aubigny; et sans imposer une condition absolue, M. Alain de Charette avait laissé entendre à son fils Charles, qui n'avait pas d'enfants, que ce lot n'était qu'un dépôt qui devait être transmis à un membre de la famille, avec l'obligation de perpétuer les œuvres.

« L'échange était fait sans aucune compensation, ce qui prouve bien que M. François de Charette ne regardait le lot préciputaire que comme un dépôt, puisqu'il échangeait le château et ses dépendances, son lot particulier et le lot des œuvres, soit 430 hectares 61 ares 15 centiares, contre 185 hectares 48 ares 70 centiares à M. Charles, sans aucun retour.

« Il est inadmissible de dire que « M. Alain de Charette, non plus que ses enfants, n'ont « jamais eu l'intention de considérer ces immeubles comme biens d'Eglise ».

« Cette affirmation est faite sans que les cohéritiers aient été consultés sur leur appréciation à ce sujet. Pourquoi alors et à l'unanimité ne veulent-ils pas toucher leur part virile héréditaire, offerte en remboursement par Mme François de Charette, en 1920, et pourquoi veulent-ils déposer cette somme à l'Evêché ? Ils considèrent donc tous que cet argent n'est pas leur propriété, *malgré la plus-value du taux actuel.*

« Si cet argent provient du fait que Mme François de Charette rembourse, pour conserver les terres du lot des œuvres, cela équivaut à un rachat; donc, la terre par elle-même a la même signification que l'argent, et il n'y aurait aucune raison pour que les cohéritiers fassent abandon complet de leur part virile héréditaire pour faciliter à Mme François de Charette une bonne affaire en conservant le lot des œuvres, dont la valeur de 1902 ne correspond plus à celle de 1923, et pourtant la somme offerte ne correspond qu'à la valeur de 1902.

« Cette liberté de remboursement stipulée dans le pacte de famille, était une garantie du maintien de l'intégralité du lot des œuvres. Si M. François avait été tenu de rembourser les 9/10es en terres, c'était le morcellement inévitable, chose que M. de Charette voulait éviter avant tout. Il a donc cru prendre toutes les précautions pour maintenir intégralement ce lot et assurer autant que possible la perpétuité des œuvres fondées par M. le baron d'Aubigny.

« Il est inexact de dire : « M. le baron d'Aubigny avait légué sa propriété avec la charge « de payer pour les écoles les sommes stipulées par lui; pourrait-on dire que pour cela les propriétés « qu'il léguait étaient biens d'Eglise ».

« M. d'Aubigny, pour sauvegarder l'unité de sa terre, avait choisi parmi les enfants de M. de Charette un seul héritier, Pierre ; ce don était assez généreux pour que M. d'Aubigny soit assuré de la perpétuité de ses œuvres; mais à la mort de M. Pierre de Charette, la division de cette terre s'imposait ; M. Alain de Charette a constitué volontairement, autour du château, un onzième lot, pour rendre ce dernier comme tributaire et prisonnier du *lot des œuvres*, pour mieux souligner que cet ensemble personnifiait le souvenir de M. d'Aubigny ; c'est pourquoi ce lot, dans la pensée de M. Alain de Charette, était considéré comme un dépôt transmissible, dans son entier, aux héritiers successifs de M. François de Charette.

« Si tous les cohéritiers consentirent, en 1920, à accepter l'offre de remboursement de Mme François de Charette, c'était avec la conviction absolue que ce *lot des œuvres* serait maintenu intégralement autour du château, et que toute pensée de vente au détail pour réaliser un bénéfice ne pouvait être envisagée par eux ; ils étaient aussi convaincus que les écoles étaient entretenues comme elles devaient l'être, alors que les immeubles étaient délaissés et les écoles sur le point d'être fermées, faute de réparations et d'augmentation de traitement. Les conditions du testament de M. d'Aubigny n'étaient donc plus respectées à leur insu.

« Si, le 9 novembre 1922, M. Charles de Charette demandait à M. de Crousaz de ne rien vendre sans en prévenir Mme de Guigné, c'était parce que, ne pouvant s'opposer à la vente, et toujours dans la même pensée de ne distraire aucune parcelle du *lot des œuvres* à une autre personne qu'un héritier direct de M. d'Aubigny, il faut toujours remonter à l'origine qui dicte tous les actes des cohéritiers, maintenir la terre d'Aubigny dans son intégralité, en la laissant entre les mains d'héritiers de M. Alain de Charette et en maintenant toutes les œuvres fondées.

« Deuxièmement :

« M. d'Aubigny, dans son testament, dit: « De conserver à mes cures et à mes écoles « l'affectation spéciale que je leur ai donnée ».

« En effet, M. d'Aubigny, outre les traitements fixés, donnait le bois, les fournitures scolaires, assurait l'entretien du linge et faisait cultiver les jardins, etc., etc.

« M. Alain de Charette avait continué scrupuleusement ces charges, comme en attestent les livres de la régie ; cela implique bien un entretien, contrairement à cette phrase du rapport :

« Celui-ci ne prescrit pas d'entretenir telle ou telle école, il stipule les sommes fixées à verser « à des écoles déterminées ».

« M. Alain de Charette, succédant à M. d'Aubigny, devait donc continuer d'entretenir les écoles d'Aubigny, d'Augy et de Couzon, et c'est ce qui a été fait jusqu'en 1914, date à laquelle M. François de Charette est entré en possession de la terre d'Aubigny.

« Il semble bien que M. d'Aubigny n'avait pas eu besoin de prescrire ces charges pour que M. Alain de Charette les continuât, et il était également inutile qu'elles soient prescrites par M. Alain de Charette pour être continuées par ses enfants.

Si M. Alain de Charette n'avait pas eu l'intention que les revenus du lot des œuvres soient affectés aux rentes à servir aux écoles, pourquoi aurait-il constitué ce lot hors part, puisqu'il ne voulait ni avantager, ni désavantager aucun de ses enfants ?

Si M. Alain de Charette ne pouvait prévoir les événements, il faut cependant reconnaître qu'il a constitué le lot des œuvres en rapport avec les charges existantes.

« En 1914 et 1915, redoutant un abaissement de la valeur de la propriété et, comme conséquence, un fléchissement des revenus, M. François de Charette avait réduit les traitements des écoles de 25 %, puis ramené à 10 % ; et en 1916, devant l'essor renaissant de la culture, rétablit les traitements.

« Il admettait donc, d'une façon irréfutable, qu'il ne voulait subir aucune perte et, de ce fait, il ne doit bénéficier d'aucun avantage, afin d'être, comme le dit le rapport, ni avantagé ni désavantagé.

« Il est absolument faux de dire que le lot des œuvres a été déficitaire, les livres sont là pour le prouver et sont à la disposition de Monseigneur.

« Dans son ensemble, de 1913 à 1916, il est nettement en bénéfice ; il est donc inadmissible que pendant cette période de hausse, de 1918 à 1923, le lot soit déficitaire.

« S'il (le lot des œuvres) avait été un legs fait à M. François de Charette, les cohéritiers n'auraient aucun droit de réclamer la plus-value pour les œuvres ; mais il ne faut pas perdre de vue que ce lot n'est qu'un dépôt constitué pour faire vivre des écoles, et que la question qui se discute est une question de conscience et non de droit.

« Dans le rapport, on prétend : « Que si M. François de Charette a diminué les alloca-« tions, ce n'est pas parce que les revenus du lot préciputaire ont diminué ». Cette affirmation est inexacte, puisque, dès qu'il eut la preuve que le lot rapportait suffisamment, les allocations furent rétablies (Voir livres qui sont entre les mains de M. Charles de Charette).

« Il faut reconnaître que, même en 1914 et 1915, les terriens eurent plus de revenus que les capitalistes ; la terre restera donc toujours la valeur la plus sage et la plus sûre.

« M. Charles de Charette demande quels sont les cohéritiers prêts à prendre la gérance du lot des œuvres ?

« Il reste à prouver avec des détails et des chiffres, et une remise de comptes détaillés, que les revenus pendant la guerre ont été au-dessous des rentes à payer.

« Il reste également à fournir des précisions sur les terres du lot propre affectées au lot des œuvres.

« Enfin, si un seul domaine du lot des œuvres a été mis de fermage en métayage, le capital mis est existant.

« Il serait également intéressant d'avoir le compte des bois vendus sur le lot des œuvres.

« En résumé, les écoles laissées par M. d'Aubigny ne peuvent vivre avec les offres de remboursement faites par les héritiers de M. François de Charette et, contrairement à ce que dit le rapport, les écoles qui doivent vivre les premières sont celles fondées par M. d'Aubigny, entretenues par lui, et existant sur les communes de sa terre.

« En laissant ces écoles se fermer faute d'entretien et pour ne pas avoir augmenté les traitements des titulaires, cela constitue un manquement aux engagements d'honneur, conséquence du testament de M. d'Aubigny.

« Il est dit dans le rapport que les héritiers de M. François de Charette retiennent aux cohéritiers le rachat des écoles pour une somme de 31.000 francs. Cette prétention est en contradiction formelle avec les promesses faites à Monseigneur par M. de Crousaz, le 14 novembre 1922.

« Le rapport de l'Evêché note : « Monsieur de Crousaz affirme qu'il n'a jamais été dans « ses intentions d'aliéner les écoles et les presbytères, et Monseigneur félicite Monsieur de Crousaz

« de sa volonté ferme, dont il n'a jamais douté, de respecter les droits de l'Eglise, et prend acte de
« sa déclaration que jamais il n'a été question d'aliéner les écoles et les presbytères ».

« Pourquoi alors en proposer le rachat aux cohéritiers ?

« Le rapport dit également : « En résumé, l'œuvre des écoles ne perd rien. L'augmentation
« des intérêts des capitaux lui assure de plus grandes ressources et elle a la latitude d'en disposer
« suivant les nécessités, au lieu d'être limitée à des sommes fixées, spécialement affectées à des écoles
« déterminées ».

« De quel droit peut-on ne pas observer les volontés du testament de M. d'Aubigny, qui
détermine les écoles qui doivent recevoir des rentes, et de quel droit peut-on diminuer les unes pour
augmenter les autres ? Le lot des œuvres est là pour assurer leur vitalité et la hausse indiscutable de
ses revenus doit alimenter d'abord les écoles fondées par M. d'Aubigny.

VIVIER ».

CHAPITRE XVII

DÉCISION DE MONSEIGNEUR PENON

(24 février 1923)

Le débat étant terminé, Mgr Penon, le 24 février 1923, rendit sa décision
sous cette forme :

« Ayant écouté en trois audiences, le 13 décembre 1922, les 6 et 12 février 1923,
Me Pruvot, qui parle au nom des ayants droit de M. François de Charette, pour lequel M. Alain
de Charette, le 3 juin 1902, a constitué hors part un lot préciputaire, avec charge d'assurer les
intentions que le baron d'Aubigny avait consignées dans son testament du 9 septembre 1898, au
bénéfice d'œuvres catholiques scolaires et paroissiales désignées ; et Me Vivier, qui parle au nom
de M. Charles de Charette, représentant de tous les cohéritiers de M. Alain de Charette, autres
que M. François ;

« Ayant étudié avec une attention profonde et une sollicitude vigilante pour les intérêts
sacrés de l'Eglise, assisté de son Conseil plénier, à savoir: de Mgr Deschamps, Vicaire général; de
M. le le chanoine Michel, Vicaire général ; de M. le chanoine Giraud, doyen du Chapitre
Cathédral et Supérieur du Grand Séminaire, l'exposé et les considérants présentés par M. le
Vicaire général Michel, les rapports, notes et documents fournis par Me Vivier et Me Pruvot,
notamment le document notarié, appelé pacte de famille, lequel est intervenu entre les cohéritiers, le
3 juin 1902, au moment de la constitution du lot préciputaire ci-dessus indiqué, en vue de
déterminer le sens de l'acceptation par M. François de Charette des charges d'œuvres qui grèvent
le dit lot, le rapport fourni par Me Sabatier, notaire, qui a instrumenté, lors du partage du 3 juin
1902 et du testament en 1898, la correspondance échangée entre les cohéritiers au sujet de ce
lot et des charges et de leur interprétation ;

« Ayant suivi les discussions intervenues au cours desdites audiences, entre Me Pruvot
et Me Vivier, ayant ouï particulièrement dans l'audience précitée du 6 février M. le chanoine
Lavignon, curé d'Aubigny, qui a vécu dans l'intimité de M. le baron d'Aubigny et de M. Alain
de Charette, et M. le chanoine Chenillat, curé de Cusset, ancien Supérieur du Petit Séminaire
du Réray, qui avait été requis comme témoin dans l'acte de partage du 3 juin 1902, et demandé
par M. Alain de Charette, comme représentant de l'Evêque, s'étant enquis près de
MM. les Curés de la région d'Aubigny des traditions relatives à cette fondation ;

« Ecartant le point de vue de l'obligation légale, qui n'est point en cause, pour seulement
répondre aux questions posées par Me Vivier, qui voit, au-delà de l'obligation civile, nettement

délimitée par le Pacte de famille, une obligation de conscience plus étroite, résultant d'intentions transmises par tradition ;

« Enfin, voulant sauvegarder les droits de l'Eglise (canon 1515) et assurer les intentions bien connues du baron d'Aubigny (canon 1513, § 2, et 1514), sans cependant imposer une obligation qui ne serait pas sûrement fondée (canon 1517, § 2), Monseigneur l'Evêque de Moulins, après avoir invoqué les lumières de l'Esprit-Saint, prend les décisions suivantes :

« 1° Les immeubles à affectation spéciale désignés dans le testament du baron d'Aubigny
« et l'acte de partage de M. Alain de Charette, à savoir les cures, les écoles, leurs dépendances
« immédiates ou diverses pièces de terre consacrées nommément à leur entretien, quoiqu'étant
« possédées actuellement par les ayants droit de M. François de Charette, doivent être considérés
« comme biens d'Eglise (canon 1497). Ils ne peuvent donc être aliénés sans autorisation cano-
« nique régulière, qui, à cette heure, n'a pas lieu d'être donnée (canon 1517, § 1, et 1530) ;

« 2° Le diocèse de Moulins a le droit strict, vis-à-vis des ayants droit de M. François de
« Charette, au service de 10.400 francs de rente annuelle, au profit des écoles désignées dans
« ledit testament (canon 1497) ;

« 3° Si des écoles ou des cures étaient supprimées temporairement, pour cas de force
« majeure, il est conforme aux intentions de M. d'Aubigny et de M. de Charette que les immeubles
« et les rentes correspondantes ne deviennent pas le bénéfice des cohéritiers, mais soient utilisés
« pour d'autres œuvres catholiques diocésaines à déterminer par l'Evêque, après consultation des
« cohéritiers (canon 1517) ;

« 4° Il est vivement souhaitable que le fief territorial dont le baron d'Aubigny désirait la
« perpétuation autour des immeubles à affectation spéciale, non seulement pour assurer des ressources
« aux œuvres, mais pour garantir leur indépendance et empêcher la pénétration du mal, soit
« maintenu dans son intégrité et cédé à une Société civile. Aussi l'Evêque de Moulins rend-il
« hommage à la foi ardente et à la noblesse de M. Charles de Charette, qui s'est employé active-
« ment à empêcher l'émiettement de la fondation d'Aubigny (canon 1513, § 2) ;

« 5° Mais l'Evêque de Moulins ne se croit pas autorisé à revendiquer, en rigueur de conscience,
« un mode d'exécution du testament de M. d'Aubigny et de satisfaction des droits qui découlent
« de ce testament pour son Eglise, différent du mode qui a été établi d'un commun accord entre
« les héritiers, par le pacte de famille du 3 juin 1902 (canon 1513, § 2) ;

« 6° Par conséquent, l'Evêque de Moulins ne saurait s'opposer, au nom des droits de
« son Eglise, à ce que les ayants droit de M. François de Charette usent de la latitude conférée
« par ledit pacte de famille, et libèrent leur lot préciputaire de la charge des œuvres paroissiales et
« scolaires, en la faisant retomber sur tous les cohéritiers par le remboursement du capital fixé
« dans ledit pacte, diminué seulement de la valeur, selon l'estimation du partage, des immeubles
« détachés du lot préciputaire et laissés à leur destination ;

« 7° En vue d'éviter le retour de difficultés croissantes avec le temps, l'Evêque de
« Moulins demande que ledit capital de remboursement soit confié, en même temps que les immeubles
« livrés en bon état, à une société civile, aucun des cohéritiers ne conservant la charge d'une école,
« et la société ne devenant responsable de l'entretien des dites écoles que dans la mesure de ses
« ressources (canon 1519) ;

« 8° Confiant en l'équité des ayants droit de M. François de Charette, qui ne sauraient
« vouloir bénéficier contre les intentions de leur père d'un lot préciputaire hors part, l'Evêque de
« Moulins expose la difficulté de faire vivre les œuvres avec les revenus du capital remboursé au
« taux du pacte de famille, et exprime le désir que la base du remboursement soit établie sur le prix
« actuel des terres qui, dès lors, resteraient la propriété, libre de toute charge, des dits ayants droit.

« Fait à Moulins, le 24 février 1923, avec mission donnée à notre Secrétaire de commu-
« niquer la présente décision aux parties intéressées » (1).

---

(1) Ce document est repris dans le *Rapport* de M. le Vicaire général MEILLEROUX (Doc. n. LXXXII).

CHAPITRE XVIII

LES SUITES DE LA DÉCISION

§ 1. — ATTITUDE CONCILIANTE DE M. CHARLES DE CHARETTE

La décision de Mgr Penon qui, nous le verrons, était attaquable sur plus d'un point, ne donnait pas satisfaction aux cohéritiers de M. François de Charette.

Seule, la dernière clause renfermait une déclaration leur permettant d'espérer, malgré tout, une solution de nature à répondre à leur obligation de justice et d'honneur : maintenir les œuvres de leur bienfaiteur.

Malheureusement, cette déclaration n'était pas donnée sous la forme d'une décision, mais d'un simple désir, malgré la portée décisive des considérants :

« 8° Confiant en l'*équité* des ayants droit de M. François de Charette, qui ne sauraient vouloir *bénéficier, contre les intentions de leur père*, d'un lot préciputaire hors part, l'Evêque de Moulins expose la difficulté de faire vivre les œuvres avec les revenus du capital remboursé au taux du pacte de famille, et exprime le désir que la base du remboursement soit établie sur le prix actuel des terres qui, dès lors, resteraient la propriété, libre de toute charge, des dits ayants droit ».

Malgré l'instabilité d'une telle base pour un accord satisfaisant, et dans le désir ardent d'arriver à sauver ou à faire revivre les œuvres, M. Charles de Charette, agissant au nom de tous ses frères et sœurs, s'efforça, en accord avec l'Evêché, de tirer le meilleur parti possible de la situation.

Ces dispositions généreuses et désintéressées l'avaient guidé dans toutes les démarches qui précédèrent la décision de Mgr Penon.

« Les nobles efforts que vous faites », lui écrivait, le 3 janvier 1923, M. Michel, Vicaire général, « pour conserver à l'église de Moulins les avantages temporels que lui voulait M. le baron « d'Aubigny et votre regretté père, sont évidemment la cause de votre fatigue. Daigne Dieu « accroître vos forces pour que vous les dépensiez sans cesse à son service ! Quelle que soit l'issue « de la lutte que vous soutenez, elle ne sera point sans résultat heureux pour les œuvres catholiques « fondées par M. d'Aubigny et restera riche d'enseignements » (1).

§ 2. — OBSTACLES APPORTÉS PAR LES AYANTS DROIT DE M. FRANÇOIS DE CHARETTE A UNE ENTENTE SUR LES BASES DE LA DÉCISION

Cependant, de la part des ayants droit de M. François de Charette, une campagne d'opinion, destinée à discréditer les intentions de M. Charles de Charette, était menée depuis longtemps parmi toutes les relations de la famille. Ainsi avait-on essayé de dénaturer, en leur attribuant un caractère odieux, les démarches qui aboutirent au rachat de la terre du Réray, par Mme de Guigné (née Antoinette de

---

(1) Doc. n. LIX.

Charette), que M. d'Aubigny avait jadis mise à la disposition du diocèse. Mgr Penon avait été obligé d'intervenir par une déclaration motivée (27 octobre 1922) (1).

Cette campagne de dénigrement calomnieux occasionna également une protestation formelle de M. Charles de Charette auprès de Mgr Penon (2) (22 janvier 1923).

Mais la bonne volonté de M. Charles de Charette, unie à celle de Mgr l'Evêque de Moulins, rencontra de plus graves obstacles dans la manière dont les ayants droit de François de Charette s'opposèrent aux décisions et aux projets de règlement épiscopaux, en multipliant restrictions et contrepropositions, et en se refusant à préciser les engagements auxquels ils étaient disposés à souscrire.

De ces difficultés multipliées par les ayants droit de François de Charette et qui, finalement, découragèrent M. Charles de Charette dans ses efforts pour obtenir une solution équitable *d'accord* avec l'Evêché, la note rédigée quatre ans plus tard par Me Pruvot (13 mars 1928) se garde de donner la moindre idée ; elle ne fait pas la moindre allusion à ces imprécisions calculées, à ces contrepropositions qui rendirent l'entente impossible (3).

Faire état uniquement des dernières difficultés qui convainquirent M. Charles de Charette de l'inanité de ses efforts et le décidèrent à réclamer une sentence d'ordre juridique, pour lui attribuer la responsabilité de l'échec des pourparlers, c'est complètement renverser les rôles.

La vérité est que M. Charles de Charette (avec ses mandants) s'efforça continuellement et loyalement, d'accord avec l'Evêché, d'amener les ayants droit de François de Charette, Mme François de Charette en particulier, à accepter les décisions et avis de Mgr l'Evêque de Moulins, dans l'intérêt des œuvres, tandis que la partie adverse multipliait oppositions et contrepropositions. De nombreux documents en font foi, dont nous donnerons ici seulement quelques extraits :

D'une lettre de Me Vivier, du 17 décembre 1923, citée par Me Pruvot lui-même (4) :

« En réponse à votre lettre, les dispositions des ayants droit de M. François de Charette, relativement à la fondation d'Aubigny, telles qu'elles sont énoncées dans votre lettre du 27 juillet, ne donnent pas à Monseigneur l'Evêque de Moulins la satisfaction complète qu'il espérait... ».

D'une lettre de M. le Vicaire général Michel, du 30 juillet 1923, à M. Charles de Charette (5) :

« La lettre de Me Pruvot oblige nettement à conclure :

« 1° Que les héritiers de M. François de Charette *ne veulent point tenir compte des désirs et souhaits* de Monseigneur ;

« 2° Qu'ils ne peuvent pas en ce moment exécuter la partie *décisions* des conclusions de l'Evêque, purement et simplement ;

« 3° Mais qu'ils réaliseront complètement cette partie *décisions* dès qu'ils seront en mesure de le faire... ».

---

(1) Doc. n. LX.
(2) Doc. n. LXI.
(3) Voir cette *Note* plus loin, au chapitre XXII.
(4) Doc. n. LXII.
(5) Doc. n. LXIII.

D'une lettre du même au même, du 21 janvier 1924 (1) :

« Vous voulez bien me communiquer une lettre de Mme François de Charette, datée du 11 novembre 1923, d'où il ressort que vous seriez responsable du retard qui se produit dans le règlement de l'affaire de la fondation du baron d'Aubigny.

« J'affirme très nettement que cela n'est pas. L'affaire est menée aussi rapidement que possible de notre côté. Je dis *notre*, parce que *vous n'avez agi en tout qu'après en avoir conféré avec moi.*

« Il est facile pour Mme François de Charette de *faire des propositions*. Mais il est du devoir de l'autorité diocésaine d'étudier ces propositions et de ne les accepter qu'après s'être assuré qu'elles sauvegardent le mieux possible les intentions du Fondateur. Le 24 février 1923, Monseigneur l'Evêque de Moulins avait rendu une décision qui aurait terminé l'affaire si elle avait été exécutée *sans nouvelles discussions et demandes d'arrangement de la part de Mme François de Charette...*

« D'ailleurs, pendant ces tractations, aucun intérêt n'aurait souffert si Mme François de Charette avait continué d'exécuter toutes les charges, comme par le passé, en attendant le règlement ».

D'une lettre du même à Mme la comtesse de Guigné, du 10 mars 1924 (2) :

« M. Charles de Charette me communique la copie d'une lettre par laquelle Mme François de Charette annonce le versement prochain d'un acompte de 290.000 francs, y compris le montant du prix du pré de Couzon, sur le règlement de la fondation d'Aubigny.

« Elle ajoute que cet acompte n'est *en rien une estimation de base de règlement*. Enfin, elle espère que l'Evêché ne soulèvera pas de nouveaux obstacles.

« Permettez-moi d'abord de nier absolument que l'Evêché soulève des obstacles. Nous avons nettement exprimé notre façon de voir, il y a plus d'un an, et si des retards sont apportés au règlement, ils sont le fait de ceux qui, pour échapper plus ou moins à cette façon de voir, nous amènent à des *adoucissements* en opposant à nos propositions des *contrepropositions.*

« L'affirmation catégorique de Mme François de Charette, relativement à l'acompte qu'elle veut verser, et qui ne doit pas être considéré comme une base de règlement, n'est pas reproduite sur la lettre de son avoué, du 3 mars dernier.

« Cette lettre parle bien de la partie du capital que Mme de Charette peut verser actuellement, mais elle se tait sur le reste.

« Cependant, en cette matière, la précision officielle eût été nécessaire. L'avoué de Mme de Charette est pour nous le représentant officiel.

« Il est regrettable que la phrase de la lettre qui vous a été écrite ne nous ait pas été écrite aussi... ».

§ 3. — Vente du Pré de Couzon et d'autres Parcelles

Il s'en fallait d'ailleurs que Mme François de Charette et M. le baron de Crousaz fussent disposés, en fait, à réaliser les décisions de Monseigneur l'Evêque de Moulins.

La suite de l'affaire de Couzon, dont il a été question pour la période de 1922, le démontre assez.

Malgré les protestations ou déclarations de Mgr Penon, qui faisait observer (lettre du 18 octobre 1922) (3) à Mme François de Charette que les immeubles dont faisait partie le pré de Couzon étaient inaliénables, comme biens d'Eglise, ce pré de 2 hectares 20 ares, fut mis en vente, en même temps qu'un domaine adjacent ne faisant pas partie du lot préc, préciputaire.

---

(1) Doc. n. LXIV.
(2) Doc. n. LXV.
(3) Doc. n. LIV.

Le 23 novembre 1922, Mgr Penon entendit M. le baron de Crousaz, en présence de Me Sabatier et de son successeur, Me Monnac (1), et il y donna l'autorisation conditionnelle de vendre le pré susdit.

Monseigneur fit demander à tous les enfants de M. Alain de Charette s'ils pouvaient consentir à cette vente. Ils répondirent tous par la négative.

M. le Vicaire général s'employa pour détourner M. le baron de Crousaz de passer outre à ce veto. Le 6 décembre 1922, il écrivait à Mme Louise de Charette, religieuse Auxiliatrice sous le nom de Mère Saint-Joseph :

« Il serait désirable que Mme la R. M. Saint-Joseph insistât pour que les intéressés renonçassent complètement à l'idée d'une vente qui serait un véritable déshonneur pour la famille et produirait une douloureuse impression dans la région et le diocèse tout entier » (2).

Méconnaissant le sens de l'autorisation conditionnelle accordée par l'Evêché, les ayants droit de François de Charette la transformèrent en autorisation absolue, publiant un extrait du procès-verbal de la réunion du 14 novembre, sans une lettre postérieure du Vicaire général expliquant le sens de la permission donnée. M. le Vicaire général Michel protesta auprès de M. Charles de Charette, le 30 décembre 1922 (3), et s'en expliqua encore à lui le 3 janvier suivant (4). Enfin, le 22 janvier 1923, il rédigea sur l'ensemble de l'affaire, une Note, dont le texte intégral figure dans la partie documentaire de ce travail (5).

Sur ces entrefaites, M. le curé de Couzon, par une lettre du 1er janvier 1923, avertissait M. Charles de Charette de la vente du pré :

« Je viens d'être informé de la vente du domaine du Béton, le pré dit " de la Cure de Couzon " ayant été compris dans la vente. Je crois de mon devoir pastoral de protester énergiquement contre l'aliénation définitive d'une terre que je considérais comme bien d'Eglise » (6).

A cette lettre étaient joints un extrait du registre des délibérations du Conseil de fabrique de la paroisse de Couzon (7) et une note, du 3 août 1899, concernant la terre de la cure de Couzon de l'abbé Alexis Aucouturier, curé de Couzon à cette date (8).

Le 23 février 1923, sur le rapport de M. le Vicaire général Michel (9), Mgr Penon rendit sa décision sur cette affaire (10). Il regrettait la vente du pré déjà faite par le baron de Crousaz et, réservant la question de l'erreur des experts, relative à cette parcelle du lot préciputaire, réglait que le prix intégral du pré fût versé à l'Evêché ou à la société civile qui devait être propriétaire des cures et des écoles.

---

(1) Voir procès-verbal de cette audience, dans la Note de M. le Vicaire général Michel, du 22 janvier 1923, résumant toute l'affaire du " Pré de Couzon " jusqu'à cette date. (Doc. n. LV).

(2) Doc. n. LXVI.

(3) Doc. n. LXVII.

(4) Doc. n. LIX.

(5) Doc. n. LV.

(6) Doc. n. LXVIII.

(7) Doc. n. LXIX.

(8) Doc. n. LXX.

(9) Doc. n. LXXI.

(10) Doc. n. LXXII.

Pour l'exécution de cette décision, l'Evêché fit un règlement intéressant tous les cohéritiers de François de Charette et le leur proposa aux fins d'acceptation. Pour sa part, Mme François de Charette refusa toujours le règlement du pré de Couzon. Elle alla plus loin, continuant de vendre d'autres parcelles du *lot des œuvres*: le " Moulin Péqut ", la *locaterie* de la " Boîte aux lettres ", avec les parcelles 697, 699, 700 et 710; la *locaterie* " Péronneau ", etc., à des prix qui ne sont aucunement comparables avec les évaluations de l'Acte de partage de 1902.

§ 4. — AUTRES CONTESTATIONS. — L'EXPERTISE ENTRAVÉE

L'émiettement du *lot des œuvres* se poursuivant malgré les avertissements des cohéritiers, ceux-ci, toujours d'accord avec l'Evêché, réclamèrent pour la Société civile en projet, qui devait recueillir les immeubles destinés aux œuvres, la *Vieille-Cure* d'Aubigny et les immeubles destinés aux écoles, comme biens *inaliénables*, de même que le pré Sebraud et le pré de Couzon.

Indiscutablement, ces biens faisaient partie du lot préciputaire, en vertu de l'Acte de partage (1), et se rapportaient au *lot des œuvres*.

A l'argumentation de Mme François de Charette (2), une réponse péremptoire, avec documents à l'appui, est donnée par M. le Vicaire général Michel, dans sa lettre du 10 juillet 1924 (3), où il remarque que Mme François de Charette avait reconnu elle-même, antérieurement, cette appartenance au lot des œuvres par une note écrite de sa main (4), et où il démontre que les ayants droit de François de Charette n'ont aucun droit personnel sur ces immeubles, pas plus que sur le reste du lot des œuvres (5).

Mme François de Charette avait déclaré que sur ces deux points elle s'en remettait à la décision ecclésiastique (6). Lorsque celle-ci intervint, confirmant l'attribution des deux immeubles aux œuvres, conformément à la décision du 24 février 1923, Mme François de Charette ne l'accepta point, mais proposa une « transaction » par laquelle elle s'engageait à verser le prix du pré Sebraud, à condition qu'on lui laissât la Vieille-Cure en toute propriété.

Les cohéritiers, d'accord avec l'Evêché, ne pouvaient accepter cette contreproposition, contraire aux droits des œuvres et aux volontés expresses de leur père.

On avait accepté de part et d'autre le principe de la constitution d'une société civile. Mais ici encore, les dispositions de Mme François de Charette la rendaient difficile, tant par son refus d'accepter autre chose que les obligations du " Pacte de famille ", que par les contrepropositions faites aux décisions de l'Ordinaire (7), et aussi par l'incer-

---

(1) Doc. n. II, § 4.

(2) Reproduite par M⁺ Pruvot.

(3) Doc. n. LXXIII.

(4) Doc. n. LXXIV.

(5) Ce qui n'empêcha pas M⁺ Pruvot, en 1928, de reprendre les arguments déjà réfutés. (Voir chapitre XXII, ci-après).

(6) Voir ci-après dans la note de M⁺ Pruvot, au chapitre XXII.

(7) Doc. n. XLIX.

titude où elle laissait la partie adverse de la somme définitive qu'elle était disposée à verser (1) et des dates de versement (2).

M. Charles de Charette, devant cette incertitude d'un règlement satisfaisant, et en particulier d'un versement suffisant pour les besoins des œuvres et répondant aux ressources réelles fournies par le *lot des œuvres*, ne voulut jamais, en son nom et au nom de ses mandants, signer le moindre reçu, ni admettre le moindre reçu " en son nom " (3) des sommes remises en dépôt à l'Evêché par Mme François de Charette, ni à plus forte raison prendre livraison de ces sommes chez Me Monnac, où on les déposait.

L'étrange histoire de l'ouverture " en son nom " et à son insu, d'un coffre-fort à une banque où seraient déposées ces sommes, et d'un reçu de ces sommes par le trésorier de l'Evêché, " avec consentement " [*sic*] de M. Charles de Charette, réserve sans doute de curieuses surprises.

Une des conditions préalables de la constitution d'une société civile entre tous les cohéritiers était une expertise des frais de réparation nécessaires pour la remise en état des immeubles destinés aux œuvres (4). Mais ici encore se vérifièrent, du côté des ayants droit de François de Charette ou de leurs représentants, des dispositions ou procédés de nature à décourager ces tentatives d'entente amiable.

Les architectes experts, en effet, furent induits en erreur par les agissements d'un représentant de Mme François de Charette (5). Ainsi, les réparations à prévoir pour l'école de Couzon furent expertisées à 2.713 fr. 94 (6). Or, l'entrepreneur consulté ensuite déclara, après examen des lieux, qu'il serait impossible d'effectuer le travail à moins de 18 à 20.000 francs (7).

Toutes ces difficultés renaissantes et insolubles, malgré l'espoir de l'Evêché de voir Mme François de Charette « se rendre aux vues de ses cohéritiers », et malgré l'état lamentable des œuvres, qui réclamait une solution urgente, décidèrent les enfants de M. Alain de Charette à la chercher ailleurs que dans la bonne volonté de Mme François de Charette.

Sur l'avis favorable de Monseigneur l'Evêque de Moulins, M. Charles de Charette, d'accord avec ses mandants, recourut au tribunal du métropolitain, Monseigneur l'Archevêque de Sens, pour une révision juridique complète de toute l'affaire (8).

---

(1) Doc. n. LXIV et LXV, cités également plus haut.

(2) Doc. n. LXXV. Nous citons ce document pour donner un exemple des difficultés que suscitaient continuellement les ayants droit de François de Charette.

(3) Plusieurs formules de reçu où le trésorier de l'Evêché agirait comme mandataire, ont été rédigées à l'étude de Me Pruvot et proposées à M. Charles de Charette, qui n'en accepta point la rédaction, qu'il considérait comme tendancieuse.

(4) Doc. n. LXXVI.

(5) Doc. n. LXXVII.

(6) Doc. n. LXXVIII et LXXIX.

(7) Si donc Mme François de Charette n'effectuait que pour 2.700 francs de réparation, le surplus nécessaire retomberait donc, et injustement, sur la société.

(8) Doc. n. LXXX.

Dans une première lettre, du 5 janvier 1925, Monseigneur l'Archevêque de Sens fit connaître à Monseigneur l'Evêque de Moulins son sentiment, concordant avec les termes de l'ordonnance de celui-ci. Mais il ne voyait pas de raison d'intervenir. Dans une seconde, il précisait les termes de la première, où il avait écrit: « Nous *jugeons* comme vous que Mme François de Charette doit remettre au diocèse de Moulins [c'est-à-dire aux œuvres] le pré Sebraud et la vieille cure d'Aubigny... (1) ».

« Jugeons, écrit-il le 14 janvier, signifie ici opinion. C'est simplement mon avis, éclairé de celui des membres de mon Conseil, que j'ai cru déférent de vous communiquer, mais nullement une sentence judiciaire (2) ».

Et M. le Vicaire général Meilleroux, expliquant cette attitude, ajoute :

« Il est évident que Monseigneur l'Archevêque de Sens ne pouvait émettre qu'un avis et non prononcer un jugement, puisque la décision elle-même de Mgr Penon, quelque autorisée et impérieuse qu'elle soit, ne constituait pas un jugement dans la forme prévue par le droit canonique...

« La juridiction de Moulins n'étant pas épuisée, Monseigneur l'Archevêque de Sens ne pouvait accepter de se substituer à elle en reprenant l'affaire » (3).

M. Charles de Charette dut se retourner vers Monseigneur l'Evêque de Moulins pour obtenir un jugement en forme de droit, et il requit la réunion de l'officialité diocésaine.

Cette réunion de l'officialité diocésaine aux fins d'instituer un procès en forme, terminé par une sentence juridique, lui fut accordée par Mgr Penon, *en principe*.

En fait, M. Charles de Charette fut renvoyé successivement à M. le Vicaire général Giraud, puis à M. l'abbé Maignen, Professeur de droit canon au Grand Séminaire. Trois mois après la remise de son rapport à ce dernier, qui devait l'examiner, on lui fit savoir « qu'on n'avait pas eu le temps de s'en occuper », et on le renvoya à Mgr Deschamps, Vicaire général et *official*. Celui-ci déclara un peu sèchement à M. Charles de Charette que l'officialité n'avait pas à se réunir et ne se réunirait pas.

Nous ignorons jusqu'à présent les vraies causes de cette fin de non-recevoir et de cette crainte apparente de l'Administration de Mgr Penon d'avoir à étudier et à formuler une décision en forme juridique.

Quoiqu'il en soit, les choses traînaient ainsi en longueur lorsque Mgr Gonon succéda à Mgr Penon sur le siège épiscopal de Moulins. La question fut aussitôt reprise.

(1) Doc. n. LXXXI.
(2) Doc. n. LXXXII.
(3) Doc. n. LXXXII.

CHAPITRE XIX

REPRISE DE L'AFFAIRE ET PROPOSITION AGRÉÉE PAR Mgr GONON

Mgr Gonon recevait, le 3 juin 1927, la requête de M. Charles de Charette et de ses mandants (1).

Sur cette requête, M. le Vicaire général Meilleroux écrit (2) :

« Ce que les cohéritiers de Mme François de Charette demandent aujourd'hui au tribunal ecclésiastique de Monseigneur l'Evêque de Moulins, c'est un jugement canonique selon les règles établies par l'Eglise.

« Leur demande est fondée non seulement en droit, mais elle l'est également en fait par le refus de Mme François de Charette de se conformer aux décisions formelles et impératives de Monseigneur Penon, relatives à la restitution de la vieille cure d'Aubigny et du pré Sebraud, compris parmi les immeubles à affectation spéciale.

« Ce droit ressortant de l'étude attentive et impartiale du volumineux dossier se rapportant à la question, notification fut donnée aux intéressés, par Mgr Gonon, de la reprise complète de l'affaire. Toutefois, en raison de l'état de santé de Mme François de Charette, Monseigneur l'Evêque, au nom des cohéritiers, proposa une transaction. En plus de la somme déjà versée, il lui était demandé 600.000 francs (3) sur un lot dont la valeur actuelle est au minimum de 1.500.000 francs ».

Le refus opposé à cette transaction par Mme François de Charette et ses mandants détermina les cohéritiers à maintenir leur instance auprès de l'officialité diocésaine.

CHAPITRE XX

NOUVEAU RAPPORT DE Me SABATIER

23 juin 1927.

Me Sabatier, ancien notaire, averti de la reprise de l'affaire, fit un rapport, daté du 23 juin 1927. En voici le texte intégral (4) :

NOTE POUR LES HÉRITIERS DE M. ET Mme ALAIN DE CHARETTE

« D'où vient l'erreur qui a été commise et qui consiste à vouloir exiger des héritiers de M. François de Charette le paiement de la totalité de la valeur du lot préciputaire ?

« Elle ne peut provenir que de ce que l'on a pensé que l'attribution de ce lot a été faite, dans la pensée des donateurs, aux œuvres elles-mêmes, en sorte que M. François de Charette n'aurait été qu'une personne interposée.

---

(1) Doc. n. LXXXII.

(2) Même document.

(3) Soit une somme totale d'environ 900.000 francs.

(4) Doc. n. LXXXII bis. — La *Note* de M. le chanoine VILLIEN, en réponse à ce rapport, figure aux DOCUMENTS, sous le n° LXXXII ter.

« Cette interprétation ne repose sur aucune base et c'est supposer que le notaire rédacteur de l'acte ignorait son métier. Que doit faire et que fait le notaire qui doit procéder à un partage purement immobilier et qui ne peut, par suite, affecter à l'acquit des charges qui grèvent la masse des sommes ou valeurs, ce qui était le cas ?

« C'est bien simple, on fait un lot équivalant au montant des charges, et on l'attribue à un héritier, qui sera chargé de les acquitter seul. C'est ce qui a été fait.

« M. François de Charette a reçu l'attribution du lot *dit* préciputaire, et il s'est engagé, dans le cas où, pour une cause quelconque, il ne continuerait pas les œuvres du baron d'Aubigny, à verser à ses co-partageants une somme fixée *à forfait*, représentant le montant de ses œuvres. C'est cette somme, cette *soulte*, pour être plus précis, qui a été affectée aux œuvres et non le lot lui-même, ce qui eût été absurde.

« Mais il ne faut pas oublier qu'en faisant à M. François de Charette l'attribution du lot préciputaire, M. et Mme de Charette n'avaient pas en vue seulement d'assurer la continuation des œuvres. Cette considération n'est venue qu'après une considération qui, dans leur pensée, a occupé la première place.

« M. le baron d'Aubigny avait voulu que la propriété d'Aubigny restât intacte, et pour cela il l'avait léguée à M. Pierre de Charette. La mort de ce dernier, qui la rendait indivise entre M. et Mme de Charette, ses père et mère, ayant droit chacun à un quart, et les dix frères et sœurs ayant droit chacun à un vingtième, créait l'état de choses que le baron d'Aubigny avait voulu éviter.

« M. de Charette père comprit que son devoir était de prendre des mesures pour que la volonté du baron d'Aubigny fût respectée dans la mesure du possible, et il le fit en conciliant ce devoir avec celui que lui dictaient ses sentiments de père de dix enfants.

« Il voulut, dans la proportion qui lui était possible, reconstituer la terre d'Aubigny, et pour cela deux lots furent faits et attribués à M. François de Charette, qui devait être le successeur du baron d'Aubigny.

« Mais il pensait que M. François de Charette serait appelé un jour, du chef de sa femme, à disposer de capitaux importants qui lui permettraient de se rendre acquéreur d'autres lots, et c'est pourquoi, au lieu de procéder par voie de tirage au sort, il voulut faire lui-même les attributions comme la loi le lui permettait, et il attribua les lots voisins de ceux de M. François de Charette à ceux de ses enfants qui, dans sa pensée, devaient être appelés à les vendre, ce qui permettrait plus tard à M. François de Charette de reconstituer la terre d'Aubigny dans une plus grande proportion.

« La question des œuvres se rattachait naturellement à la question de la reconstitution de la terre d'Aubigny, et M. François de Charette, désigné pour être le successeur du baron d'Aubigny, devait être chargé de continuer ses œuvres, et il en prit l'engagement, comme on l'a vu ci-dessus.

« Mais la première préoccupation de M. et Mme de Charette fut de respecter la volonté du baron d'Aubigny, en reconstituant la terre d'Aubigny, et dans le cas où la charge des œuvres n'aurait pas existé, il n'en eût pas moins fait à M. François de Charette l'attribution de deux lots, mais alors la soulte affectée aux œuvres aurait été attribuée aux enfants avec stipulation d'un délai de paiement suffisant, et en procédant ainsi il aurait satisfait à son double désir, d'une part, de répondre à la volonté du baron d'Aubigny, en reconstituant, dans son noyau tout au moins, la terre d'Aubigny et, d'autre part, de maintenir autant que possible l'égalité entre ses enfants.

« N'est-il pas évident que l'attribution à M. François de Charette d'un seul lot égal aux neuf autres lots, qui aurait été composé du château et de 220 hectares environ, aurait été la négation même de la volonté de reconstitution ?

« 23 juin 1927.

« SABATIER ».

CHAPITRE XXI

RÉPONSE DE M. LE CHANOINE VILLIEN (1)

M. le chanoine Villien, chargé de présenter la requête des plaignants, mit en pleine lumière les contradictions successives et vraiment étonnantes de Mᵉ Sabatier. Nous donnons en entier le texte de ce rapport (2), rédigé en réponse à une note de Mᵉ Sabatier, remise le 24 juin 1927 à Monseigneur l'Evêque de Moulins, à M. le baron de Crousaz et à M. Charles de Charette, le 7 juillet 1927.

NOTE A PROPOS DE LA " NOTE " POUR LES HÉRITIERS DE M. ET Mᵐᵉ ALAIN DE CHARETTE

On nous communique une Note signée Mᵉ Sabatier, sous le titre ci-dessus.

« On peut faire remarquer tout d'abord qu'une " Note " de ce genre serait d'importance quand il s'agit de reconnaître le vrai sens d'un texte obscur ou douteux de sens — bien que, dans ce cas, il faille observer que le texte ne ferait guère honneur à son rédacteur, homme de loi, rompu aux affaires et qui, par hypothèse, n'a pas su exprimer clairement sa pensée, surtout en une matière de sa profession et où il a eu le temps de bien peser ses mots.

« Elle serait de plus grande importance encore si le texte qu'il a le désir d'interpréter n'existait plus, ce qui n'est pas.

« Une " Note " de ce genre n'a plus qu'une importance secondaire, quand le document visé est clair, accepté de tous depuis de longues années, par l'assentiment de ceux qui ont présidé à sa rédaction. Or, ce document existe, on le possède dans son texte et, jusqu'ici, tant que M. François de Charette a vécu, on l'a toujours trouvé assez clair.

« Cette " Note " a une importance moindre encore quand l'auteur, qui l'a du moins signée, a oublié, sous la pression de circonstances et d'instances diverses et mû par une bienveillance qui ne sait pas refuser, des déclarations antérieures avec lesquelles il se met en contradiction.

« Quelle que soit l'autorité d'un homme, quand on se trouve en présence d'un texte, le premier devoir est de se reporter à ce texte. C'est le texte qui fait foi.

« Or, toute la teneur de l' " Acte de partage " est en contradiction avec les affirmations *tardives* de Mᵉ Sabatier.

« En cette matière, l'adage « jurare in verba magistri » ne signifie rien ; au-dessus du " magister " il y a le document.

« Mais nous avons mieux: le " magister " Sabatier a interprété différemment le texte de l' " Acte de partage " quand il était plus près des événements qui ont présidé à sa rédaction. De sorte que son interprétation actuelle est en contradiction avec celle qu'il affirmait il y a peu de temps encore.

« En voici la preuve :

« D'après son affirmation, signée le 24 juin 1927, « l'attribution du lot préciputaire n'a pas été faite à M. François de Charette », dans la pensée des donateurs aux œuvres elles-mêmes « Cette interprétation supposerait que le notaire rédacteur de l'acte ignorait son métier ».

« Passe pour le compliment que le « notaire rédacteur de l'acte » se décerne à lui-même. Nous constaterons qu'il s'est, par ces mots, sévèrement jugé. C'est son affaire.

« La « pensée des donateurs » aurait été, d'après le Mᵉ Sabatier d'aujourd'hui, de « laisser intacte la propriété d'Aubigny » ou du moins le noyau.

---

(1) Doyen de la Faculté de Droit canonique à l'Institut catholique de Paris.
(2) Doc. n. LXXXII *ter*.

« Si, afin de laisser intacte la propriété, on l'a divisée en tant de parts, c'est parce qu'on pensait que M. François de Charette profiterait de la fortune considérable que lui apportait son mariage pour racheter successivement les autres parts et reconstituer ainsi l'intégralité de ce que l'on avait divisé.

« Un beau roman! car, quel droit ce mariage et cette fortune créaient-ils ? Et ferait-on de même quand il s'agirait, à la mort de M. François de Charette, de partager son héritage entre ses enfants ? Roman, vous le voyez ; roman de commentateur aux abois devant un texte qui est trop clair.

« En face de M. Sabatier d'aujourd'hui, mettons le Mᵉ Sabatier de 1922.

« Dans une '' Note '', remise par Mᵉ Sabatier dans la réunion du 14 novembre 1922, voici ce que nous lisons (sans doute, cette '' Note '' ne porte pas de signature, du moins de Mᵉ Sabatier, mais elle est présentée comme de Mᵉ Sabatier par la signature de M. le Vicaire général Michel, présent à la dite '' réunion '' (la garantie paraît sérieuse).

« Parlant de l'acte passé devant Mᵉ Sabatier, le 3 juin 1902, l' '' Acte de partage '' dûment enregistré, il est dit :

« Dans cet acte, il a été fait attribution, par préciput et hors part, à M. François de « Charette, l'aîné des fils, en plus de sa part virile d'héritier présomptif, d'un lot préciputaire estimé « 419.797 francs.

« Cette attribution lui a été faite en considération de la charge qui lui était imposée et « qu'il a acceptée, d'*exécuter les prescriptions* du testament du baron d'Aubigny, c'est-à-dire de « conserver aux cures et aux écoles leur affectation spéciale et de verser annuellement aux Frères « et Sœurs desservant les écoles diverses sommes s'élevant à 10.400 francs ». (Que devient là-dedans l' « intention des donateurs » de *laisser intacte* la propriété d'Aubigny ?). Continuons :

« Et comme ses père et mère n'avaient pas eu l'intention, en lui donnant ce lot préciputaire, « de l'avantager, il s'obligea, dans le cas où, pour une cause quelconque, il ne verserait plus ses « allocations, à tenir compte à ses frères et sœurs de leur part virile héréditaire, d'une somme de « 346.666 francs.

« Mais le fait par M. François de Charette de cesser le paiement des allocations, s'il « estimait devoir le faire, ne pouvait avoir pour conséquence de le libérer, de même que ses frères « et sœurs, auxquels il devrait, dans ce cas, tenir compte, comme on l'a vu plus haut, de la valeur « du lot préciputaire, des obligations d'honneur et de conscience résultant du testament du baron « d'Aubigny et qui s'imposent à tous les héritiers de M. Alain de Charette, son légataire universel ».

« Encore un coup, que devient là-dedans l' « intention des donateurs » de « laisser (ou « remettre) *intacte* la propriété d'Aubigny? » Quand je vous disais que la nouvelle exégèse de Mᵉ Sabatier, du 24 juin 1927, est un roman !

« Si pourtant Mᵉ Sabatier récuse cette « note remise par lui », dans la réunion du 14 novembre 1922, nous pouvons citer de lui d'autres affirmations encore *plus anciennes*, plus près, par conséquent, des événements, de l'acte de partage rédigé par devant lui.

« Elles sont écrites et signées par lui; donc, d'une authenticité indiscutable.

« Du 25 mars 1907, à l'occasion d'une autorisation demandée par M. François de Charette à son père, M. Alain de Charette, d'hypothéquer « tous les immeubles » à lui attribués : « 2° Cette « autorisation prévoit une hypothèque frappant *tous* les immeubles attribués à M. François de Charette. « Cette hypothèque ne devrait-elle pas être restreinte au lot qui lui a été attribué comme héritier « présomptif et d'une valeur égale au lot de ses frères et sœurs ? N'estimez-vous pas que le lot qui lui « a été attribué à titre préciputaire ne doit pas être hypothéqué, tant en raison *des intentions qui vous* « *ont déterminé à créer à son profit le lot préciputaire*, que des engagements particuliers pris par « M. François de Charette au profit de ses frères et sœurs ? ».

« Comment concilier cette affirmation écrite et signée par Mᵉ Sabatier, en 1907, moins de cinq ans après l' '' acte de partage '', rédigé pardevant lui, avec le papier qu'on vous présente aujourd'hui sous sa signature, datée du 24 juin 1927 ?

« Plus ancien encore : du 14 mai *1906*, dans une lettre à M. Alain de Charette :

« ... Enfin, à la même date [3 juin 1902], M. François de Charette s'est engagé, par un
« écrit sous-seing privé, comme condition de la donation préciputaire à lui faite, *à continuer les*
« *œuvres du baron d'Aubigny*, relatives aux cures et écoles résultant du testament olographe du
« 9 septembre 1898 ».

« Et l' « intention des donateurs » de laisser *intacte* la propriété d'Aubigny ? Roman,
encore une fois.

« Toujours plus ancien : du 8 avril *1905* — moins de trois ans après l' '' acte de partage ''
rédigé en l'étude de Mᵉ Sabatier, — dans une lettre à M. Alain de Charette :

« ...Par cette procuration, vous n'autorisez la constitution d'une hypothèque que sur le lot
« attribué à M. François de Charette, pour ses droits d'héritier à réserve, et *non sur le lot qui lui*
« *a été attribué par préciput* ».

« CONCLUSION

« Il est indubitable que la Note signée par Mᵉ Sabatier, le 24 juin 1927, est en contradiction flagrante avec tous ces documents de lui, antérieurs, et dont plusieurs datent de peu de temps
après la rédaction de l' '' acte de partage '', que Mᵉ Sabatier essaie d'interpréter autrement
aujourd'hui.

« Entre le Sabatier de 1905, 1906, 1907, 1922, et le Sabatier de 1927, lequel faut-il
croire ?

« Lequel était le plus proche des événements ; lequel avait moins oublié ; lequel est le
moins suspect d'amnésie ?

« Est-il besoin d'ajouter : lequel est plus conforme aux dispositions de l' '' acte de partage ''
qu'il avait rédigé ?

« Nous ne lui demanderons pas s'il « ignorait » alors « son métier ». S'il l'ignorait, c'est
son affaire, encore un coup, mais quand on aurait ignoré ainsi, il convient de ne pas trop se fier
à sa mémoire et à ses « intentions », si longtemps après.

« Qu'il suffise de redire, preuve faite, que le '' papier '' récent est en contradiction avec les
affirmations antérieures de Mᵉ Sabatier ; qu'il est en contradiction — cela a déjà été prouvé — avec
l'acte de partage que Mᵉ Sabatier lui-même avait rédigé.

« Des « verba magistri » il n'y a rien à tirer en sa faveur, ni en faveur de ses clients actuels.

« Le 7 juillet 1927. VILLIEN ».

CHAPITRE XXII

NOTE DE Mᵉ PRUVOT

Le 13 mars 1928, Mᵉ Pruvot, avoué des ayants droit de François de Charette,
remit ses conclusions. Nous les donnons ci-après (1) :

NOTE POUR LES HÉRITIERS DE M. FRANÇOIS DE CHARETTE

« M. Charles de Charette, agissant tant en son nom personnel qu'au nom de ses frères et
sœurs, a soumis à Sa Grandeur Monseigneur Penon, Evêque du diocèse de Moulins, diverses
questions relatives à l'interprétation de la volonté de M. Alain de Charette, relativement au lot donné
par lui par préciput et hors part à M. François de Charette, dans la donation-partage faite par lui à
ses enfants.

____

(1) Doc. n. LXXXIII.

« Après instruction de l'affaire et débats, une décision fut rendue, le 23 février 1923, et notifiée aux parties.

« Le 17 décembre 1923, M⁰ Vivier, mandataire de M. Charles de Charette, écrivait à Mᵉ Pruvot, mandataire des héritiers de M. François de Charette, une lettre où il indiquait les modalités d'exécution de la décision rendue.

« Cette lettre était ainsi conçue :

« Moulins, le 17 décembre 1923.

« Mon cher Confrère.

« En réponse à votre lettre,

« Les dispositions des ayants droit de M. François de Charette, relativement à la fondation « d'Aubigny, telles qu'elles sont énoncées dans votre lettre du 27 juillet, ne donnent pas à Monsei- « gneur l'Evêque de Moulins la satisfaction complète qu'il espérait.

« Cependant, pour le bien de la paix et en vue de solutionner au plus tôt la question « d'une façon qui, sans heurter les dispositions précitées, soit aussi conforme que possible aux décisions « épiscopales du 26 février 1923, Monseigneur estime que :

« 1° Il y a lieu d'abord de confier à un architecte désigné par les ayants droit de M. Fran- « çois de Charette, les réparations à faire aux immeubles qui doivent être apportés à la future société « civile, les dits immeubles devant être rendus en bon état, conformément aux décisions épiscopales ; « ces Messieurs seraient arbitres.

« Mes clients ont choisi M. Genermont, architecte à Moulins.

« Ensuite, il est nécessaire que nous établissions avec vous le règlement de comptes relatifs « au capital de libération ;

« 2° Après accord sur l'évaluation des immeubles et le montant net du capital, les ayants « droit de M. de Charette remettront entre les mains de Monseigneur l'Evêque de Moulins : a) la « partie du capital qu'ils peuvent verser actuellement; b) une reconnaissance les engageant à payer « annuellement, jusqu'au remboursement total, les intérêts à cinq pour cent du capital non libéré ;

« 3° Les cohéritiers, dont M. Charles de Charette est le mandataire, feraient, de même, « abandon de leurs parts entre les mains de Monseigneur l'Evêque ;

« 4° En même temps, tous les immeubles, sans exception, qui dépendent de la fondation « d'Aubigny, seront apportés gratuitement par les ayants droit de M. François de Charette à « une société civile, qui comprendrait quatre membres :

« a) Mᵐᵉ François de Charette apportant l'usufruit de la moitié desdits immeubles ;

« b) et c) Les deux enfants de Mᵐᵉ François de Charette apportant chacune la pleine « propriété d'un quart et la nue-propriété d'un autre quart desdits immeubles ;

« d) M. Charles de Charette apportant un capital en espèces.

« 5° Aussitôt la société ainsi constituée, tous les sociétaires vendront leurs parts à des tiers « désignés par l'Evêque; les frais de transmission à ce degré pourront être supportés par le capital;

« 7° Le fonctionnement ultérieur de la société qui sera ainsi uniquement propriétaire des « immeubles et n'aura légalement rien à faire dans l'administration du capital, se produira selon « les règles communes à toutes les sociétés de ce genre. Par conséquent, elle percevra les loyers « des immeubles et les entretiendra ;

« 8° Le Conseil épiscopal saura s'adjoindre les hommes compétents pour l'administration « du capital.

« Je vous serais bien obligé de me donner une réponse au plus vite.

« Votre bien dévoué :

« Signé : Vivier ».

« En exécution de ces prescriptions, M. Genermont, expert de M. Charles de Charette, et M. Mitton, expert des héritiers de M. François de Charette, visitèrent de concert les immeubles qui devaient être apportés à la société civile; ils arrêtèrent d'accord l'évaluation des différentes réparations à effectuer, dont Mme de Charette devait payer le montant, et en dressèrent procès-verbal.

« Mme François de Charette versa des acomptes qui représentent la majeure partie de la somme qu'elle pouvait avoir à verser; ces sommes furent encaissées par M. le Trésorier de l'Evêché, *avec l'autorisation de M. Charles de Charette*, d'abord 268.000 francs (mai 1924), puis de 40.000 francs (novembre 1924).

« Enfin, Me Monnac, notaire, fut chargé de dresser l'acte de constitution de la société civile; il fit un projet qui fut soumis aux parties.

« Ainsi, la décision de Mgr Penon était acceptée et mise à exécution par M. Charles de Charette, en son nom, comme au nom de ses mandants.

« C'est alors que surgit un petit incident.

« M. Charles de Charette prétendit que dans les immeubles apportés à la société civile devait figurer l'ancienne cure d'Aubigny, ce que contestait Mme François de Charette.

« Voici ce dont il s'agissait :

« A un moment, M. le baron d'Aubigny avait fait don sous forme de vente à M. le curé Barret et à M. l'abbé Favier (tous deux habitant loin d'Aubigny) de l'ancien presbytère d'Aubigny, du nouveau et du rural; ces donataires n'étaient pas personnes interposées au profit de l'Eglise; c'était un cadeau personnel que leur avait fait M. le baron d'Aubigny.

« Lorsque M. Alain de Charette fut propriétaire de la terre d'Aubigny, il racheta à MM. les curés Barret et abbé Favier ce que leur avait donné M. d'Aubigny, et il leur paya *réellement* la somme de vingt mille francs, qu'ils se partagèrent comme *rentrant dans leur fortune personnelle*.

« M. Alain de Charette, qui avait acheté et payé ces biens, avait bien le droit d'en disposer comme bon lui semblait; il donna à l'Eglise le nouveau presbytère et le rural, mais il garda pour lui personnellement l'ancienne cure et il en jouit à son profit, touchant les loyers, y logeant d'anciens domestiques ; après son décès, son fils François en fit autant. Jamais l'Eglise n'a joui, ni directement ni indirectement, par elle ou par ses œuvres, de l'ancienne cure depuis que M. Alain de Charette l'avait rachetée et payée, et on ne fera croire à personne que M. Alain de Charette ait agi ainsi sans être d'accord avec l'Evêché.

(On peut interroger à ce sujet M. le Curé d'Aubigny, et M. l'abbé Favier a dû laisser un écrit certifiant ces faits).

« Donc, l'ancienne cure n'était pas bien d'Eglise.

« Elle ne pouvait même pas être comprise dans les cures et écoles dont M. le baron d'Aubigny demandait à son héritier de conserver l'affectation, puisque lui-même l'avait aliénée.

« Néanmoins, M. Charles de Charette déclara péremptoirement que si l'ancienne cure n'était pas remise à la société civile, il remettrait tout en question et ferait remettre en jugement toute la question du lot précipitaire, comme si elle n'avait pas été tranchée par une décision acceptée dans sa plus grande partie.

« Mme François de Charette répondit qu'il s'agissait là d'une question accessoire d'exécution ; qu'elle était prête à la soumettre à la juridiction ecclésiastique, en même temps d'ailleurs que la question du pré Sebraud, sur le point seulement de savoir si ces biens étaient ou n'étaient pas biens d'Eglise, mais sans porter atteinte à la chose jugée, en ce qui concernait le lot précipitaire.

« M. Charles de Charette refusa (1), arrêta la constitution de la société civile et voulut remettre en question la chose jugée.

« Les héritiers de M. François de Charette soutiennent formellement que la demande de M. Charles de Charette n'est pas admissible, parce qu'elle tend à remettre en question et en jugement la chose jugée et dont le jugement a été accepté par lui, tant en son nom qu'au nom de ses mandants.

---

(1) L'inexactitude de ce raccourci historique, ici et dans tout ce qui suit, saute aux yeux devant le récit plus détaillé que nous avons fait de cette période au chapitre XVIII.

« Les héritiers de M. François de Charette n'élèvent pas cette fin de non recevoir pour profiter d'une décision rendue contre la justice.

« Sans rien abandonner de leur moyen, qu'ils emploient pour mettre fin à une polémique qui traîne depuis des années, par entêtement et sans profit pour les œuvres qu'on prétend soutenir, il leur est bien permis de dire que la décision de Mgr Penon a été rendue en toute justice.

« M. Charles de Charette qualifie la décision de Mgr Penon « de forme hésitante » (1).

« Cette décision n'est pas hésitante.

« Elle exprime un désir, mais décide que l'Evêque de Moulins ne se croit pas autorisé à revendiquer, en rigueur de conscience, un mode d'exécution du testament de M. d'Aubigny, et de satisfaction des droits qui découlent de ce testament pour son église, différent du mode qui a été établi d'un commun accord entre les héritiers, par pacte de famille du 3 juin 1902 (Canon 1513, § 2).

« C'est bien net, c'est bien précis, et les prescriptions qui suivent pour l'exécution sont également nettes et précises.

« Mais, dit-on, ce soi-disant pacte de famille n'en est pas un ; il est unilatéral, il n'est pas opposable aux héritiers qui ne l'ont pas accepté.

« Comment peut-on dire que cet engagement n'a aucune valeur ?

« On ne peut pas dire que M. François de Charette l'a écrit seul pour lui-même, à l'insu de tous.

« Il est évident qu'il l'a fait en accord et de concert avec M. Alain de Charette, d'abord quand celui-ci a fait son partage par testament (c'est celui dont Mme de Charette avait la copie) et qu'il l'a recommencé lorsque M. Alain de Charette a remplacé son testament par la donation-partage.

« Cet écrit est le complément de la donation du lot préciputaire.

« L'acte de donation ne contient pas un mot sur les obligations de M. François de Charette, relativement aux œuvres.

« Il saute aux yeux que cet écrit renferme les obligations dont M. Alain de Charette entendait charger son fils et que, d'accord entre eux, ils le déposent aux mains d'un tiers, dépositaire sûr.

« Nous ne sommes pas devant la juridiction laïque, qui limite le champ des preuves.

« Ici, on recherche par tous moyens les intentions.

« Si on supprime l'engagement de M. François de Charette, comment peut-on trouver les intentions de M. Alain de Charette dans l'acte de donation seul ? Il est muet ; il faut donc rechercher des présomptions.

« Pourquoi se livrer à des hypothèses arbitraires, quand cet écrit, dit " Pacte de famille ", fait de concert avec M. Alain de Charette (personne n'en doute), précise sa volonté.

« Mais, disent les héritiers, nous ne l'avons pas signé, nous ne l'avons pas accepté.

« Est-ce que la volonté d'un père n'engage pas ses enfants, ses héritiers ? Les conditions qu'il a mises à sa donation ne les engagent-elles pas ? Ce serait renier les volontés de leur père et comment peuvent-ils alors invoquer ses intentions ? Il faut bien qu'on en arrive à discuter ce pacte de famille, comme contenant les intentions de M. Alain de Charette (2).

« Cet écrit ne parle que de règlement d'argent, paiement de rentes ou remboursement de capital. Il est net et clair. Les héritiers de M. François de Charette l'exécutent ; mais ce qu'on veut, c'est quelque chose de plus que ce qu'il donne, et alors il faut torturer les textes pour leur faire dire autre chose que ce qu'ils disent.

« Le texte dit que les rentes à payer, c'est 10.400 francs. Ce n'est pas cela, dit-on, qu'a voulu M. Alain de Charette; il a voulu que tous les revenus du lot préciputaire soient donnés aux œuvres.

« L'écrit parle d'un remboursement de 346.000 francs. Ce n'est pas cela, dit-on, M. Alain de Charette a voulu que ce soient les immeubles eux-mêmes qui soient remis aux œuvres.

---

(1) En effet, la portée des *considérants* et leur caractère impérieux vis-à-vis de la *conscience*, appelaient logiquement une *décision* formelle au lieu d'un « désir » ; ils obligeaient *moralement* les parties à ne pas le tenir comme non-avenu.

(2) On trouvera la discussion complète du « pacte » dans la troisième partie de ce Mémoire.

« Ce sont là des interprétations arbitraires inadmissibles.

« M. le baron d'Aubigny, comme M. de Charette, étaient imbus de cette idée que la grande propriété donne de l'influence dans un pays, qu'elle permet une action bienfaisante ; mais cela ne peut être qu'à la condition que cette propriété soit aux mains d'un seul propriétaire et non d'une collectivité. L'un comme l'autre savait que la constitution d'une grande propriété sur la tête d'un homme n'est pas de durée illimitée ; mais chacun tâchait de l'assurer dans les meilleures conditions possibles. Le baron d'Aubigny choisit un héritier jeune qui, lui aussi, aurait pu prendre des dispositions pour assurer la continuation d'une grande propriété à son successeur. Une mort inopinée renverse ces calculs et remet cette propriété à un père de dix enfants. M. Alain de Charette fait de son mieux. Il constitue le plus gros lot qu'il peut pour l'aîné de ses fils, lui donne le château, lui donne le soin de continuer les œuvres qui doivent assurer la bienfaisante influence du grand propriétaire ; l'école qui agit sur l'enfance, les presbytères qui favorisent le développement de l'Eglise pour agir sur les grandes personnes ; mais il prévoit qu'au temps où nous sommes, le maintien des œuvres est précaire ; des causes qu'il ne peut prévoir peuvent empêcher de les continuer, il s'en remet à son fils de juger le moment où il faudra cesser ; mais alors, pour ce cas, il prévoit le paiement d'un capital au profit des cohéritiers.

« M. Alain de Charette, non plus que le baron d'Aubigny, n'a voulu donner la terre aux œuvres. S'il avait voulu le faire, il l'eût dit.

« On cite une lettre, d'octobre 1904, où M. Alain de Charette parle de dépôt. Mais à lire toute la phrase, il est évident que ce qu'il veut dire c'est que le baron d'Aubigny lui a confié Aubigny pour qu'il reste dans la famille, par quelque moyen que ce soit, si la volonté de Dieu est qu'il n'y reste pas par une succession directe, ce qui est bien tout le contraire de vouloir la transmettre à une société civile, ce qui sortirait cette propriété de la famille.

« Non, M. Alain de Charette n'a pas envisagé l'affectation des immeubles eux-mêmes aux œuvres.

« Il donne un château, c'est inutilisable pour l'Eglise et ses œuvres, et peut-on supposer que M. Alain de Charette aurait donné un château qui aurait pu être un jour sans terres autour (1), ce qui se produirait si les terres étaient remises dans une société civile pour en affecter les revenus aux œuvres ?

« Evidemment, le lot préciputaire était garant des rentes à payer aux écoles, ainsi que du capital, au cas où les rentes cesseraient d'être payées, mais c'est comme une propriété qui garantit une créance hypothécaire. Un créancier hypothécaire n'est jamais propriétaire de la propriété, et lorsque le propriétaire paie sa dette telle qu'elle a été stipulée, sa propriété lui reste, affranchie de l'hypothèque. Les œuvres sont créancières et non propriétaires.

« Les filles de M. François de Charette, comme leurs maris, sont soucieuses, autant que qui que ce soit, de l'honneur du nom de leur père et de leur famille. Elles tiennent à cette propriété parce qu'elle est propriété de famille, et elles la garderont tant qu'elles pourront, ce qui est conforme au vœu de M. Alain de Charette. Elles ne méritent pas les injures qu'on leur adresse facilement.

« D'ailleurs, le paiement du capital qui a été effectué, n'est pas sans sacrifice. Avec la baisse considérable des valeurs, pour réaliser une somme, il faut vendre le double de valeurs qu'avant la guerre pour réaliser le même capital ; on est privé du double de revenus et, par contre, ce même capital donné peut produire des revenus doubles, sinon plus, que ceux prévus par M. Alain de Charette avant la guerre.

« En conséquence, les héritiers de M. François de Charette persistent dans leur défense et concluent à ce que la décision de Mgr Penon soit maintenue et que l'exécution en soit terminée dans le plus bref délai.

« A Moulins, le 13 mars 1928 ».

____

(1) On semble oublier que les terres du *lot personnel* de François de Charette n'étaient pas loin du château. Mais nous n'avons pas à nous attarder ici à la discussion de cette argumentation... subtile, à la fausse assimilation des droits des cohéritiers à une créance hypothécaire, etc.

CHAPITRE XXIII

ORDONNANCE DE SA GRANDEUR MONSEIGNEUR GONON

17 avril 1928

M. le chanoine Villien avait rédigé sur le fond de l'affaire un rapport d'ensemble, qui fut remis à Monseigneur l'Evêque de Moulins avant l'audience du 13 mars 1928.

Nous en renvoyons le texte, qui est assez long, et dont l'argumentation sera utilisée assez largement dans notre seconde Partie, aux pièces justificatives (1).

M. Charles de Charette et ses commettants n'avaient fait appel de l'Ordonnance *administrative* de M⁸ʳ Penon que pour demander une décision en forme *juridique.* C'est cette décision qu'ils avaient réclamée à son successeur, M⁸ʳ Gonon.

De fait, tout d'abord, l'*officialité* diocésaine prit l'affaire en mains. M. le Vicaire général Meilleroux, vice-official, après examen de toute la question, rédigea un long rapport documenté (2), qui concluait nettement en faveur des requérants, et était conforme à l'esprit du dernier article de l'Ordonnance de M⁸ʳ Penon, qui leur était aussi entièrement favorable.

Une première et unique réunion eut lieu où furent entendus comme témoins M. le chanoine Chenillat (3) et Mᵉ Sabatier, déliés sur la demande de M. le vice-official (4), par les parties, du secret professionnel. De ce moment, *on n'entendit plus parler d'officialité...* Aucun procès en forme juridique ne fut commencé, et du rapport de M. Meilleroux il ne fut plus question. Nous ne savons dans quelle mesure au juste on l'utilisa.

Et sans entendre davantage les parties, M⁸ʳ l'Evêque de Moulins, fortement impressionné, semble-t-il, par les dires et notes de Mᵉ Sabatier, communiqua à M. Charles de Charette l'Ordonnance qu'il venait de prendre *en forme administrative.*

Nous donnons ici *in-extenso* le texte de cette Ordonnance (5).

TEXTE DE L'ORDONNANCE

« Le 24 février 1923, à la suite d'un différend surgi entre M. Charles de Charette, représentant ses frères et sœurs, d'une part, et les ayants droit de M. François de Charette, d'autre part, au sujet de l'exécution par ceux-ci des dispositions du testament du baron d'Aubigny, concernant l'accomplissement de certaines volontés pies du testateur,

« Monseigneur Penon, Evêque de Moulins, Notre prédécesseur, agissant, tant en qualité de gardien des biens ecclésiastiques de son diocèse, qu'en qualité de premier exécuteur des volontés pies, s'arrêtait, tous débats terminés, à une décision qui fut notifiée aux parties et acceptée par elles.

---

(1) Doc. n. LXXXIII *bis.*
(2) Doc. n. LXXXII.
(3) Doc. n. LXXXIII *ter.*
(4) Doc. n. LXXXIV.
(5) Doc. n. LXXXIV *bis.*

« Cette décision reçut un commencement d'exécution, M. Charles de Charette et les ayants droit de M. François de Charette désignèrent des experts pour l'évaluation des réparations à effectuer aux différents immeubles. Les experts dressèrent procès-verbal de leurs travaux, Mme François de Charette, par acomptes, versa, presque intégralement, la somme qui lui était demandée. Me Monnac fut chargé de dresser l'acte de constitution de la société civile prévue.

« Cependant, dans une lettre datée du 22 avril 1924, et signée de tous les frères et sœurs de M. François de Charette, revendication est faite, auprès de Mme François de Charette, de deux immeubles compris dans le lot préciputaire, à savoir, la « vieille cure d'Aubigny » et le « pré Sebraud ». Ces deux immeubles, d'après les signataires de la lettre, doivent être considérés comme faisant partie des immeubles *à affectation spéciale*, mentionnés expressément dans le testament, et par conséquent entrer dans la Société civile décidée par l'ordonnance de Mgr Penon.

« Mme François de Charette contesta le bien-fondé de cette réclamation.

« M. Charles de Charette, alors, déféra l'affaire au Métropolitain, Monseigneur l'Archevêque de Sens. La décision de Mgr Penon n'étant pas une *sentence*, mais une décision d'ordre *administratif*, l'appel n'était pas recevable, et Monseigneur l'Archevêque renvoya le plaignant devant la juridiction de Moulins.

« Le 29 octobre 1926, Nous succédions dans l'Administration du diocèse de Moulins à Mgr Penon ; or, le 3 juin 1927, M. Charles de Charette nous priait de bien vouloir examiner de nouveau et entièrement la question du lot préciputaire attribué hors part à M. François de Charette et de l'exécution par ce dernier des volontés pies du baron d'Aubigny ; il nous demandait d'ordonner que soit déclarée caduque la décision de Mgr Penon, que tous les *biens* et *revenus* du lot préciputaire soient affectés aux œuvres visées par le testament, qu'au montant des biens s'ajoutent les sommes provenant de la vente de certains immeubles du lot préciputaire, des revenus de ce lot non employés dans le passé aux œuvres, des ventes de bois abattus sur le lot préciputaire.

« Pour des raisons dont nous demeurons juge, Nous avons consenti à donner satisfaction à cette demande d'un nouvel examen.

« Nous avons étudié avec soin et fait étudier par nos Vicaires généraux le dossier de l'affaire, tel qu'il existait à ce moment. Nous avons pris connaissance des observations écrites, déposées auprès de Nous par M. le Chanoine Villien, Doyen de la Faculté de droit canonique de l'Institut catholique de Paris, à qui M. Charles de Charette avait confié la présentation de sa manière de voir, et par Me Pruvot, avoué à Moulins, représentant de M. le baron de Crousaz, lequel avait été mandaté par les ayants droit de M. François de Charette, dont il est le gendre.

« Le 13 mars, enfin, Nous avons tenu dans Notre Chancellerie une séance que Nous avons présidée, entourés de Nos Vicaires généraux.

« Y avaient été invités et y ont pris part :

« MM. Charles et René de Charette, M. le Chanoine Villien, Me Vivier, avoué à Moulins et représentant de M. Charles de Charette et de ses mandants dans les débats qui avaient précédé la décision de Mgr Penon et Me Pruvot ; M. le baron de Crousaz était représenté par son avoué.

« A cette séance, ont déposé, à titre de témoins, M. le Chanoine Chenillat et Me Sabatier.

« Le premier était intervenu déjà dans les précédents débats ; quant à M. Sabatier, il était notaire, en exercice à Moulins, au moment où furent signés l'acte *de partage anticipé* et l'*acte appelé* " *Pacte de famille* ". Il prit une part active à la rédaction de ces documents ; il fut, dans la circonstance, le conseiller écouté de M. Alain de Charette. En transportant dans l'ordre administratif le langage de l'ordre judiciaire, Nous pouvons considérer M. Sabatier comme *un témoin qualifié*. M. Charles de Charette et M. le baron de Crousaz avaient délié par lettre M. Sabatier du secret professionnel.

« L'ensemble de Notre examen approfondi Nous a conduit aux considérations et conclusions suivantes :

« 1° D'après la déclaration de M. Sabatier, *témoin qualifié*, M. Alain de Charette n'eut pas « comme intention, lors du partage de 1902, de créer un lot des œuvres, c'est-à-dire d'affecter aux « œuvres : écoles et cures, un fief territorial, dont son fils François, titulaire de ce lot, n'eût été que

« le gérant, sans en être le propriétaire réel. Il voulut reconstituer, dans la mesure où les circonstances
« le permettaient, une terre d'Aubigny.

« Il réalisa ce désir en instituant un lot préciputaire et hors part. Cependant, pour ne pas
« procurer au bénéficiaire de ce lot un avantage marqué, sans compensation en regard de ses frères
« et sœurs, il le constitua son successeur dans l'exécution des charges pies qui grevaient, d'après le
« testament, la succession d'Aubigny.

« C'est d'ailleurs tout le sens du " Pacte de famille ". Ce S. S. P., de M. François de
« Charette, malgré ses apparences d'acte unilatéral, est le complément de l'acte de donation par
« partage anticipé. Le pacte de famille a été rédigé, non seulement avec l'assentiment, mais par la
« volonté de M. Alain de Charette, et selon les dispositions également voulues par lui. Il représente
« donc bien ses intentions, et c'est lui qui a spécifié les conditions suivant lesquelles M. François de
« Charette acceptait le lot préciputaire et hors part qui lui était attribué dans l'acte de partage
« anticipé.

« Ces conditions sont les suivantes : le bénéficiaire du lot préciputaire assume la charge des
« rentes à verser aux écoles, telles qu'elles ont été fixées dans le testament, et du maintien de
« l'affectation spéciale du certains immeubles, pareillement mentionnés dans le même testament du
« baron d'Aubigny. S'il ne verse plus les rentes, il restituera à ses cohéritiers un capital déterminé
« par lequel ceux-ci, solidairement, rempliront les charges imposées par le fondateur. Rien de plus,
« si ce n'est que ce document ne pourra jamais être invoqué pour contester la donation à titre de
« partage anticipé, dans l'attribution du lot préciputaire ;

« 2° M. François de Charette a toujours compris de la sorte les charges qu'il avait
« acceptées. Il n'a jamais estimé ni dit que le lot préciputaire ne fût point sa propriété, réelle-
« ment, absolument. Il se tient simplement obligé en conscience, à verser une rente de dix mille
« quatre cents francs.

« Il écrit qu'*en temps normal*, il doit servir les rentes des écoles, même au-delà des revenus
« préciputaires ; par contre, il ne s'interdit pas, une fois les pensions payées, de tirer un bénéfice
« de ce lot préciputaire.

« Au demeurant, d'après le pacte de famille, si les rentes ne sont pas versées, ce n'est
« point le lot préciputaire qui est restitué, c'est un capital qui passe aux cohéritiers.

« Le propriétaire du lot préciputaire a donc l'obligation de certaines charges, mais il est
« bien propriétaire de ce lot ;

« 3° Nous ne donnons pas à des appellations comme " lot des œuvres " ou " dépôt de
« famille " une signification absolue ; elles nous apparaissent comme une manière de rappeler les
« charges inhérentes à la possession du lot en question.

« De même, l'expression " Pacte de famille ", employée communément parmi les
« membres de la famille de Charette pour désigner le document signé par le seul M. François
« de Charette, n'a jamais voulu être une qualification juridique de cet acte ;

« 4° L'intention, entretenue un temps par M. François de Charette, d'échanger son lot
« avec celui de M. Charles de Charette, et de transmettre à celui-ci le lot préciputaire, n'impli-
« quait pas que M. François de Charette ne se considérait pas comme vrai propriétaire de ce
« dernier lot ; mais pour des raisons de convenances personnelles, il transmettait simplement à son
« frère ses *droits* et ses obligations ;

« 5° L'exécution des volontés pies du baron d'Aubigny par les modalités du pacte de
« famille n'assure plus la vie des œuvres avec la même efficacité qu'avant la guerre. Mais, outre
« que d'autres raisons expliquent en partie la situation actuelle des écoles, Nous savons que le
« baron d'Aubigny ne se flattait pas lui-même d'établir des œuvres impérissables.

« En voilà pour cinquante ans ! » disait-il, lorsqu'après avoir pris toutes les précautions,
« il institua M. Pierre de Charette son héritier. M. le baron d'Aubigny ne pouvait prévoir la mort
« de M. Pierre de Charette, le morcellement inévitable et si prochain de sa propriété, les pertur-
« bations apportées par la guerre, et en raison desquelles les mêmes sommes ne rendent plus les
« mêmes services.

« Le lot préciputaire rapporte actuellement plus de dix mille quatre cents francs, il est
« vrai. Néanmoins, nous observons :

« Que si le revenu actuel est plus considérable, la cause en est, pour une part importante,
« dans les améliorations apportées par l'industrie et le travail du propriétaire au rendement de
« ce lot :

« Que ce revenu est diminué par des charges assez lourdes d'impôt :

« Que l'administration de ce domaine comporte des dépenses et mérite une rémunération ;

« Que le lot préciputaire n'échappe pas aux vicissitudes des autres propriétés, plus-value
« aujourd'hui, moins-value demain, et c'est une règle de droit que dans les « possessions divises »,
« le propriétaire subit la moins-value et bénéficie de la plus-value ;

« Que les ayants droit de M. François de Charette, en remboursant le capital prévu par le
« " Pacte de famille ", versent une somme qui peut produire un revenu supérieur au chiffre de rentes
« fixé par le testament et par le " Pacte " ;

« Qu'au demeurant, en matière de paiement, le droit canonique fait sienne la législation
« civile, comme l'édicte le canon 1529, et qu'en conséquence Nous ne pouvons exiger des verse-
« ments en une autre monnaie que celle qui est acceptée par les dispositions des règlements d'Etat;

« Enfin, qu'il s'agit pour Nous de déterminer les obligations auxquelles sont astreints, *en*
« *rigueur de conscience*, les ayants droit de M. François de Charette.

« 6° Les raisons apportées pour soutenir l'affirmation que le pré Sebraud et la vieille cure
« d'Aubigny sont des immeubles à affectation spéciale, n'établissent pas d'une manière satisfai-
« sante le bien-fondé de cette revendication et ne peuvent prévaloir contre les faits qui appuient
« l'opinion contraire ;

« 7° L'honneur de la famille de Charette tout entière est au-dessus de tout soupçon.

« Nous déclarons que M. Charles de Charette et ses mandants obéissent à de généreux
« sentiments en présentant des revendications dont le but serait d'améliorer le sort actuellement
« très pénible des œuvres scolaires.

« Nous déclarons, d'autre part, que M. François de Charette a rempli les obligations
« qu'il avait assumées en acceptant le lot préciputaire.

« Les *difficultés exceptionnelles* de la guerre l'amenèrent à réduire momentanément les
« allocations; mais une compensation de cette réduction fut fournie dans la suite par ses ayants
« droit.

« Lorsque ceux-ci désirèrent se libérer des obligations qui leur incombaient, et d'après la
« loi du Pacte de famille, un différend surgit, qui fut porté devant l'Evêque de Moulins. Ils se
« soumirent aux décisions de l'autorité ecclésiastique et les exécutèrent malgré les difficultés. Ils
« proposèrent même, avec le seul revenu de leur part héréditaire, soit avec le revenu d'un peu
« plus de 30.000 francs, d'entretenir complètement et de toute façon l'école libre d'Aubigny.
« Lorsque s'éleva la contestation du pré Sebraud et de la Vieille Cure, ils offrirent, dans un louable
« esprit de transaction, de verser le prix de vente du pré Sebraud.

« Quant au texte du " Pacte de famille ", répandu par Mme François de Charette et diffé-
« rent en partie du texte déposé chez le notaire avec l'acte de donation par partage anticipé, il a
« son explication dans une première rédaction de ce pacte, jointe au testament qui fut dressé par
« M. Alain de Charette avant l'acte de partage, testament qui contenait substantiellement les
« mêmes dispositions que la " donation ", et que celle-ci rendit caduc. Or, cette première rédaction
« du pacte reproduit les mêmes dispositions essentielles que le pacte demeuré authentique. Nous
« considérons donc comme gratuitement injurieuse pour Mme François de Charette toute insinuation
« qui jetterait le doute sur sa bonne foi.

« C'est pourquoi tous les écrits et toutes les paroles qui ont été de nature à porter atteinte
« à l'honneur du nom de Charette reposent sur l'ignorance ou la fausse interprétation des textes,
« des vraies obligations de la situation réelle, ou sur des impressions injustifiées ;

« 8° Les immeubles affectés aux cures ne semblent pas leur avoir été donnés en toute
« propriété. Néanmoins, il est incontestable que l'usage et l'usufruit leur en ont été attribués ;
« et ce droit à l'usage et à l'usufruit constitue pour les personnes morales que sont les cures, un
« bien *incorporel* (Canon 1497) imprescriptible.

« D'autre part, ce serait passer outre aux dernières volontés du baron d'Aubigny que de
« distraire, soit momentanément, soit pour toujours, de leur destination, les immeubles affectés aux
« écoles, sans la permission de l'autorité ecclésiastique, juge suprême en l'espèce des nécessités
« majeures.

« Aussi, comme tous ces immeubles à affectation spéciale se trouvent pratiquement comme
« détachés du lot préciputaire, puisqu'ils doivent être déclarés inaliénables et que le libre usage
« n'en est pas laissé au possesseur du lot, leur prix, tel qu'il est stipulé dans l'acte de partage
« anticipé, paraît devoir être déduit de la somme qu'il appartient aux ayants droit de M. François
« de Charette de verser à leurs cohéritiers pour se libérer de leurs obligations.

« En conséquence,

« Voulant demeurer rigoureusement fidèle à Nos obligations d'exécuteur et de gardien
« vigilant de l'accomplissement des volontés pies, et à Nos obligations de gardien des droits de
« Notre Eglise ;

« Ne Nous considérant pas d'ailleurs autorisé à imposer des charges qui ne résultent pas,
« d'une manière certaine, des textes, ni des actes de la controverse ;

« Confirmant dans sa majeure partie et entre autres dans les très importants paragraphes 5
« et 6, la décision publiée sur le même objet, le 24 février 1923, par Mgr Penon, Notre vénéré
« prédécesseur ;

« Vu les Canons 1513, 1514, 1515, 1517, 1497, 1530, 1529 ;

« Nous, Augustin Gonon, Evêque de Moulins, toutes considérations faites, tous avis pris,
« et invoqué le Saint Nom de Dieu, avons ordonné et ordonnons ce qui suit :

« *Article premier*. — Nous déclarons que la famille de Charette tout entière et toujours a
« fait honneur aux obligations et charges qui lui ont été imposées par la succession d'Aubigny.
« Nous réprouvons, quelle qu'en soit la provenance, les jugements et autres paroles qui auraient pu
« atteindre à ce sujet l'intégrité du nom de Charette.

« *Article deuxième*. — Les immeubles à affectation spéciale, mentionnés dans le testament
« de M. le baron d'Aubigny, ne sont pas, à proprement parler, des biens ecclésiastiques. Néan-
« moins, en raison même de leur affectation spéciale, aucun de ces immeubles ne pourra être
« aliéné ni loué sans la permission de l'autorité ecclésiastique légitime.

« *Article troisième*. — Le pré Sebraud et la Vieille Cure d'Aubigny n'entrent pas dans la
« catégorie des immeubles à affectation spéciale.

« *Article quatrième*. — Les ayants droit de M. François de Charette, demeurant fermes les
« dispositions édictées dans l'article 3 ci-dessus, peuvent se considérer comme les propriétaires
« réels et légitimes du lot préciputaire.

« Conformément aux clauses du document appelé " Pacte de famille ", il leur est permis
« strictement de libérer ce lot de la charge dont il est grevé, en la faisant retomber sur tous les
« cohéritiers par le remboursement du capital fixé dans ledit " Pacte ", diminué seulement de la
« valeur, selon l'estimation du partage, des immeubles à affectation spéciale.

« *Article cinquième*. — Dès que, en vertu du " Pacte de famille ", les cohéritiers de
« M. Alain de Charette seront rentrés en possession de leur part virile héréditaire, dans la somme
« déterminée par l'article 4 ci-dessus, chacun d'eux sera proportionnellement tenu d'exécuter les
« volontés pies du testateur, et donc de verser les rentes fixées par lui.

« Cette obligation n'est pas éteinte, ni diminuée, du fait que des écoles, parmi celles qui
« sont désignées dans le testament, sont temporairement fermées : immeubles et rentes seront utilisés
« suivant la détermination de l'Evêque de Moulins, après consultation des héritiers et en respectant,
« autant que possible, les intentions du fondateur.

« *Article sixième*. — En vue d'éviter dans l'exécution des volontés pies du baron d'Aubigny
« les difficultés inévitables et qui ne feront que croître avec le temps — et si les cohéritiers le
« désirent — l'Evêque de Moulins acceptera de se substituer à eux dans cette charge. Le capital

« versé aux termes du " Pacte de famille " et de la présente Ordonnance, par les ayants droit de
« M. François de Charette, mis à sa disposition, dans la mesure des ressources qui lui seront
« assurées par le revenu de ce capital, il accomplira, de la manière qu'il jugera la plus conforme
« aux intentions du fondateur, les charges inhérentes à ce capital. Il ne lui sera demandé par les
« cohéritiers aucun compte de son administration.

    « *Article septième.* — Les ayants droit de M. François de Charette seront invités, dès
« que les circonstances propices le permettront, à transférer leur titre de propriété des immeubles à
« *affectation spéciale* à un organisme approuvé par Nous.

    « Donné à Moulins, sous Notre seing et Notre sceau et le contre-seing de Notre Chancelier,
« le 16 avril 1928.

« ✝ AUGUSTIN, *Evêque de Moulins,*

« Par mandement, V. DESFRETIÈRES, *Chancelier* ».

*La discussion complète des considérants et des conclusions de cette Ordonnance
sera faite vers la fin de la deuxième partie de ce Mémoire.*

CHAPITRE XXIV

APPEL AU SAINT-SIÈGE

§ 1. — CIRCONSTANCES DE L'APPEL

    Les requérants avaient demandé une sentence judiciaire et se retrouvaient en
face d'une sentence administrative.

    Il était évident, par l'examen de tous les considérants et des conclusions de
cette Ordonnance, que Monseigneur l'Evêque de Moulins avait pris en considération,
d'une façon, semble-t-il, exclusive, les témoignages et les interprétations personnelles du
« témoin qualifié », Mᵉ Sabatier, et ne paraissait tenir aucun compte, ni du témoignage contraire de M. le Chanoine Chenillat, ni surtout des arguments et des preuves
de fait opposés par les requérants.

    La valeur d'estime donnée à la personne d'un seul témoin semblait avoir
contrebalancé et annihilé, dans la nouvelle Ordonnance, la valeur des documents, des
faits et, en résumé, des éléments objectifs de toute l'affaire.

    Cette preuve « d'autorité », considérée, de bonne foi assurément, par Monsei-
gneur l'Evêque de Moulins, comme prédominante et « omni exceptione major »,
pouvait justifier en conscience une mesure d'ordre *administratif*, mais n'offrait aucune
garantie juridique aux requérants, et rendait pratiquement impossible l'accomplissement des intentions sacrées du baron d'Aubigny, malgré l'existence des moyens qu'il
avait fournis à cet effet.

    Sans doute, on ne pouvait que constater et respecter le désintéressement de
Sa Grandeur Monseigneur Gonon, qui avait choisi une solution du différend assez

défavorable aux intérêts matériels et spirituels du diocèse, aux intérêts de l'éducation chrétienne des enfants, qu'il a cependant mission de défendre et de favoriser.

A ce point de vue, Mgr Penon, son prédécesseur, avait cherché à sauver les œuvres, par les désirs motivés qui faisaient l'objet du dernier article de son ordonnance. Si, du reste, les ayants droit de François de Charette avaient accepté *toute* l'ordonnance de Mgr Penon, y compris ce dernier article, l'affaire aurait été facilement terminée, pour la satisfaction de tous les intérêts légitimes.

Mais, en l'espèce, les requérants n'ont pas à prendre le rôle qui revient à l'Evêque. Ils constatent seulement que l'héritage d'Aubigny, dont ils profitent, leur a conféré des droits, les a surtout chargés de responsabilités graves. De ces responsabilités graves, où leur honneur est engagé, en même temps que les intérêts religieux de la terre d'Aubigny, ils ne se sentent point dégagés par une simple décision *administrative*, où ils croient voir une erreur et une injustice.

En conséquence, ils ont dû recourir au Saint-Siège pour obtenir un nouvel examen de toute l'affaire, et une sentence juridique et définitive qui s'impose plus que jamais.

Une lettre prévint dans les dix jours, comme de droit, Mgr l'Evêque de Moulins de cet appel de sa décision à l'autorité suprême.

Nous donnons ici cette lettre, de M. Charles de Charette, suivie de la Note qui l'accompagnait (1).

§ 2. — MONSEIGNEUR L'ÉVÊQUE DE MOULINS EST AVISÉ DE L'APPEL A ROME

« Villeneuve, le 27 avril 1928.

« MONSEIGNEUR,

« J'ai l'honneur d'informer Votre Grandeur que j'interjette appel au Saint-Siège de la sentence portée par Votre Grandeur, le 16 de ce mois, dans la cause de la part préciputaire de l'héritage d'Aubigny-Alain de Charette, sentence dont la notification, datée du 17 avril, m'est parvenue par poste recommandée, le 18 courant.

« Cet appel est basé sur le Rapport et la Note ci-joints, tendant à prouver, d'une part, l'existence de contradictions dans les déclarations successives de l'unique témoin *qualifié* entendu, et, d'autre part, le silence de tous les documents, relativement au remboursement de la valeur des immeubles à affectation spéciale, remboursement imposé aux cohéritiers Alain de Charette, par l'article 5 des décisions prises par Votre Grandeur.

« Au cas où l'appel, pour une cause quelconque, ne serait pas recevable, je forme, par la présente, recours au Saint-Siège contre ladite sentence.

« Dans toute cette affaire, je continue d'agir tant en mon nom qu'en celui de tous les cohéritiers Alain de Charette, dont je suis le mandataire.

« Daignez agréer, etc..... ».

Note sur le silence des documents, relativement au remboursement de la valeur des seuls immeubles à affectation spéciale :

1° Le Testament de M. d'Aubigny n'en parle pas, et pour cause. Il spécifie simplement l'affectation à la destination de cures et d'écoles les immeubles qui s'y trouvaient alors affectés ;

2° L'Acte de partage anticipé de M. Alain de Charette est une pure énumération des biens à partager. Il n'avait pas à parler de clauses de remboursement d'aucune sorte, ni de capital, ni d'une partie ou de la totalité des immeubles, et de fait il n'en parle pas ;

---

(1) Doc. n. LXXXIV *ter.*

3° Le Pacte de famille, qui envisage le transfert des charges du lot préciputaire, ne fait absolument aucune distinction entre les écoles et cures, d'une part, les autres immeubles, d'autre part, constituant le lot préciputaire.

Il ne fait, par suite, aucune allusion à un transfert, par achat forcé, des seules cures et écoles par les cohéritiers, au cas où le bénéficiaire du lot préciputaire leur transmettrait la charge d'entretenir les écoles, en leur versant le capital de 346.666 francs (basé sur la valeur des immeubles à l'époque).

C'est le lot préciputaire tout entier qui est grevé formellement des charges se rapportant à l'entretien des écoles.

Accusé de réception par Monseigneur Gonon :

« MONSIEUR,

« J'ai l'honneur de vous accuser réception de votre lettre du 27 courant, m'informant de votre intention d'en appeler à Rome de mon Ordonnance du 16 courant.

« Veuillez agréer, etc..... ».

§ 3. — TEXTE DE L'APPEL AU SAINT-SIÈGE

Voici le texte de l'Appel au Saint-Siège, adressé au Souverain Pontife Sa Sainteté Pie XI, par l'intermédiaire de Son Excellence Monseigneur Maglione, nonce apostolique (1) :

« TRÈS SAINT-PÈRE,

« Humblement prosterné aux pieds de Votre Sainteté, Charles de Charette, en son nom et au nom de ses huit frères et sœurs, dont il est le mandataire, expose ce qui suit :

« ...Le 17 novembre 1898, mourait au château d'Aubigny, dans l'Allier, le baron
« d'Aubigny, garde-noble de Sa Sainteté, camérier de cape et d'épée, Commandeur du Saint-
« Sépulcre.

« Après avoir fait un testament en faveur de Son Altesse Royale Monseigneur le duc
« de Parme, mais ne pouvant imposer des conditions au prince, concernant la vitalité de ses œuvres,
« il annulait ce premier testament et choisissait comme légataire universel Pierre de Charette, dernier
« fils d'Alain de Charette, capitaine aux zouaves pontificaux, avec la condition expresse, comme le
« dit le testament, « de laisser à mes cures et écoles l'affectation spéciale que je leur ai donnée »,
« et fixant une rente de 10.400 francs à servir aux onze écoles nommées dans le testament olographe
« du baron d'Aubigny, du 9 septembre 1898.

« Pierre de Charette mourut accidentellement, le 9 septembre 1901. Ses dix frères et sœurs
« renoncèrent à sa succession, en faveur de leurs père et mère, pour permettre un partage entre
« vifs et pouvoir assurer, à une époque de persécution religieuse (lois Combes et Briand), la
« vitalité des œuvres citées dans le testament du baron d'Aubigny.

« Le 2 juin 1902, un acte, dit " Partage anticipé " fut signé, attribuant à chacun des dix
« enfants un lot terrien de 185 hectares, et un onzième lot de 226 hectares fut créé, ayant une
« valeur, en 1902, de 346.666 francs, sur les revenus duquel une somme de 10.400 francs était
« prélevée pour assurer l'entretien des écoles citées dans le testament. Les héritiers d'Alain de
« Charette, chacun, en avaient leur dixième. Ce lot fut attribué, avec le château, au fils aîné,
« François de Charette, qui en était responsable et devait assurer les traitements des cures et écoles.
« S'il cessait ce traitement, il s'engageait à rembourser à ses cohéritiers leur part virile héréditaire
« dans la dite somme de 346.666 francs.

« Un " Pacte de famille " fut signé par François de Charette, stipulant qu'en cas de
« cessation des œuvres, la part virile héréditaire de chaque héritier d'Alain de Charette lui serait

____

(1) Doc. n. LXXXV.

« rendue. C'était donner la preuve que le lot préciputaire n'était entre ses mains qu'un dépôt grevé
« de charges, et qu'en cas de non-exécution de ces charges, il devait restituer la valeur réelle de ce
« lot à ses cohéritiers.

« Alain de Charette mourut le 28 novembre 1916. François de Charette fut tué le
« 18 octobre 1916.

« Les rentes des écoles furent versées jusqu'en 1918. A partir de cette époque, Mme Fran-
« çois de Charette, ne voulant pas augmenter les traitements des titulaires des écoles — malgré la
« plus-value des revenus — celles-ci se fermèrent successivement. Des parcelles de terre du lot
« préciputaire furent vendues. En 1922, un pré appartenant à la cure de Couzon depuis 1873
« fut vendu au Président du Grand-Orient de France.

« Devant ces faits, qui émurent l'opinion publique, la conscience des cohéritiers de la
« famille de Charette se révolta. Ils estimaient que leur père, en constituant le lot préciputaire
« hors part, avait voulu établir un moyen pour assurer les œuvres fondées par M. d'Aubigny ;
« que ce moyen gardait toute son efficacité, ayant une valeur nominale considérablement accrue
« et fournissant un revenu également augmenté ; que, par conséquent, par ce moyen, les œuvres
« devaient être assurées par une rente proportionnelle à l'augmentation des revenus, et répondant
« au coût de la vie. En conséquence, ils demandaient à l'Evêque de Moulins de juger la question.

« Le 5 février 1923, Mgr Penon réunissait son Conseil pour entendre les parties. Une
« fausse déposition fut faite par le témoin de Mme François de Charette, entraînant, en faveur de
« celle-ci, la décision de l'Evêque, qui exprimait simplement le désir que le lot préciputaire soit
« rendu à sa destination, sans en faire une obligation de conscience.

« D'après le témoignage de M. l'abbé Lavignon, témoin de Mme François de Charette,
« celle-ci aurait « dû payer de ses deniers » près de 400.000 francs pour empêcher la saisie
« du lot préciputaire, son mari étant « mort insolvable » (procès-verbal de l'audience du 6 février
« 1923, dans le cabinet de Mgr Penon). Or, la famille de Charette est à même de faire la
« preuve que M. François de Charette, non seulement n'est pas « mort insolvable », mais a laissé
« une fortune. C'est sur la base de ce témoignage sans fondement que la sentence de Mgr Penon
« fut portée.

« C'est pourquoi les héritiers d'Alain de Charette n'acceptèrent pas la décision épiscopale.
« Mgr Penon, sur leur demande, les autorisa à soumettre le cas à l'Archevêque de Sens, métropolitain
« de Moulins. Celui-ci répondit ne pouvoir réformer l'ordonnance administrative et non judiciaire
« de son suffragant, mais donna l'avis de faire trancher judiciairement la question par l'officialité
« diocésaine. Mgr Gonon, successeur de Mgr Penon sur le siège de Moulins, fut donc saisi à nouveau
« de l'affaire, dans le sens indiqué par le métropolitain.

« Le 4 août 1927, Mgr Gonon, comprenant le bien-fondé des réclamations des plaignants,
« fit offrir, avec l'assentiment des héritiers d'Alain de Charette, à Mme François de Charette, qui
« était mourante, une transaction de 900.000 francs sur une valeur de 1.500.000 francs, repré-
« sentant la valeur actuelle du lot des œuvres. Les enfants de Mme François de Charette refusèrent.

« Le 16 avril 1928, l'Evêque de Moulins rendait une nouvelle ordonnance d'ordre admi-
« nistratif, confirmant l'ordonnance de son prédécesseur quant aux obligations incombant aux héritiers
« de François de Charette, et estimant que le versement de leur part, de 346.666 francs en monnaie
« actuelle, était suffisant pour représenter la valeur du lot préciputaire, laquelle valeur avait été
« estimée, en 1902, à 346.666 francs de l'époque, soit 346.666 francs-or.

« Les décisions prises dans ce dernier acte sont basées sur les dires d'un témoin appelé dans
« l'acte lui-même " témoin qualifié ". Ce témoin affirme, en 1928, que ce n'était pas pour assurer
« la vitalité des œuvres qu'Alain de Charette avait créé un lot terrien, mais simplement pour maintenir
« un noyau de la terre d'Aubigny. Cette affirmation, faite par le " témoin qualifié " en 1928, est
« en complète contradiction avec les affirmations écrites de sa propre main, en 1905, 1906, 1907
« et 1922.

« Les deux ordonnances reposant, la première sur une fausse déposition, la deuxième sur
« l'affirmation inexacte et contredite par les écrits antérieurs du " témoin qualifié ", ne sauvegardant
« plus les œuvres testamentaires du baron d'Aubigny, les neuf héritiers d'Alain de Charette, à l'excep-

« tion du possesseur actuel du lot préciputaire, ne peuvent accepter un jugement qui est
« l'anéantissement des œuvres du baron d'Aubigny et d'Alain de Charette.

« Ils demandent de deux choses l'une : ou bien que sur les revenus d'une terre actuellement
« estimée 1.500.000 francs, soit prélevée, pour les œuvres du baron d'Aubigny, une rente répondant
« en papier-monnaie à la valeur de 10.400 francs-or, ou bien que leur soit reversée, en vue d'assurer
« ces œuvres, un capital exprimant en papier-monnaie, au taux actuel, leur part virile héréditaire
« du lot préciputaire, dont la valeur globale est actuellement estimée 1.500.000 francs.

« Ci-joint l'ordonnance de Mgr Gonon et la réponse qui lui a été faite.

« Villeneuve, le 10 juin 1928.

« Charles DE CHARETTE ».

<h2 style="text-align:center">CHAPITRE XXV</h2>

RÉPONSE AUX CONSIDÉRANTS DE L'ORDONNANCE ÉPISCOPALE

Monseigneur l'Evêque de Moulins ayant manifesté son intention de ne point
revenir sur sa décision, des observations furent rédigées, en forme de « lettre », à toutes
fins utiles, pour appuyer tout au moins le bien-fondé de l'Appel. Elles constituent en
même temps une réponse personnelle aux considérants de l'Ordonnance de Mgr Gonon.
Cette « Lettre » fut remise à son destinataire comme celui-ci l'avait demandé le
1er juin (1), l'informant de cette façon du recours *effectivement* interjeté et des motifs
invoqués à l'appui.

Nous la donnons ici, en guise d'Appendice aux arguments exprimés dans le texte
même de l'Appel (2).

« Villeneuve, le 10 juin 1928.

« MONSEIGNEUR,

« Voulez-vous me permettre de présenter, non pas une réponse à l'Ordonnance que Votre
Grandeur a bien voulu rendre, en date du 16 avril 1928, par une décision d'ordre administratif,
mais quelques considérations de droit ou de fait qui ne paraissent pas avoir été retenues par l'auteur
du rapport. Ne voulant dans toute cette affaire qu'une seule chose, l'accomplissement des volontés
testamentaires du baron d'Aubigny, je crois accomplir un rigoureux devoir de conscience en priant
Votre Grandeur de bien vouloir peser les considérations que je lui soumets.

« 1° Me Sabatier a reçu dans l'Ordonnance le titre de " témoin qualifié ". Pour mériter
cette appellation, il eût fallu que Me Sabatier ne fût pas pris en flagrant délit de contradiction
entre ses divers écrits et ses affirmations. La preuve en a été faite dans le rapport de M. le
chanoine Villien. Cette preuve n'a pas été rejetée. Ce titre, indûment donné, de *témoin qualifié*,
m'obligerait à rendre public un rapport qui n'a pas été lu à l'audience du 13 mars.

« 2° De plus, même le témoignage d'un témoin qualifié veut être établi. Il ne l'est pas,
dès qu'il est en contradiction avec des documents écrits, ou avec la déposition d'autres témoins
également qualifiés pour connaître la cause en question. Or, en cette affaire, tous les cohéritiers de
M. Alain de Charette, sauf un, l'intéressé, contredisent unanimement le témoignage de Me Sabatier,
d'accord avec M. le chanoine Chenillat, ami et confident du testataire; et de plus, à ce témoignage,
nous pouvons opposer des textes clairs et formels.

« *Première considération* (page 3). — Nous nous élevons tous contre la déclaration de
Me Sabatier, osant dire que M. Alain de Charette n'eut pas l'intention de créer un lot des œuvres,

---

(1) Doc. n. LXXXV *bis*.
(2) Doc. n. LXXXV *ter*.

lors du partage de 1902; mais qu'il voulut reconstituer, dans la mesure où les circonstances le permettaient, une terre d'Aubigny.

« S'il en était ainsi, pourquoi M. Alain de Charette attribuait-il un lot préciputaire hors part, représentant la valeur de 10.400 francs de rentes à servir aux écoles, et ne faisait-il pas un deuxième lot préciputaire pour les 10.400 francs à servir à des personnes pensionnées par M. d'Aubigny ? Il en avait toutes les facilités. Il pouvait donc, si telle avait été son intention, reconstituer beaucoup plus intégralement la terre d'Aubigny.

« Pourquoi ne l'a-t-il pas fait ? Et pourquoi M. Sabatier, s'il pensait déjà, en 1902, ce qu'il affirme en 1928, n'a-t-il pas suggéré à M. Alain de Charette ce moyen de mieux réaliser ses désirs ?

« Bien mieux, il écrivait lui-même, le 14 novembre 1922, dans le rapport remis à Mgr Penon, lors de la première audience relative à cette affaire :

« Le fait, par M. François de Charette, de cesser le paiement des allocations, s'il estimait « devoir le faire, ne pouvait avoir pour conséquence de le libérer, de même que ses frères et « sœurs, auxquels il devait, dans ce cas, tenir compte, comme on l'a vu plus haut, de la valeur du « lot préciputaire, des obligations d'honneur et de conscience résultant du testament du baron « d'Aubigny, et qui s'imposent à tous les héritiers de M. Alain de Charette, son légataire « universel.

« Ce fait n'a pour conséquence que de le libérer de son mandat, de libérer le lot préci- « putaire de la garantie qui le grevait, et d'affecter désormais à l'exécution des prescriptions « testamentaires du baron d'Aubigny, la somme de 346.666 francs, représentant la valeur de « ce lot ».

« Si nous comprenons bien, M. François de Charette devait tenir *compte des obligations d'honneur et de conscience qui s'imposent à tous les héritiers d'Alain de Charette*, obligations dont tous, évidemment, sont solidaires, obligations qui le lient, lui le premier, très strictement. Parlons sans ambages : aux yeux de la loi civile, M. François de Charette est vraiment et absolument propriétaire du lot, personne ne le nie ; aux yeux des cohéritiers Alain de Charette et de sa propre conscience, il est constitué simplement gardien d'un dépôt sacré, comme dira M. Alain de Charette à un autre de ses fils, dépôt dont il devra rendre, à ses cohéritiers, la *valeur totale*, en cas de non exécution des charges. Et ce dépôt, dont *tout le revenu net*, estimé une fois pour toutes à 10.400 fr. d'avant-guerre, doit être affecté à une destination religieuse proprement dite, ne sera pas appelé « fondation pie » ? Et cette rente, que doivent solidairement assurer tous les héritiers en cas de remboursement du capital, ne sera pas réellement bien d'Eglise (1), malgré les fictions auxquelles nous oblige le droit civil moderne ? Et si les héritiers voulaient la racheter, ce qui serait leur droit, à qui la rachèteraient-ils, sinon à l'Evêque ? Il s'agit bien d'un lot terrien plus important, donné à l'aîné des enfants, quand nous avons affaire à une donation ayant pour but unique, but exclusive- ment religieux, le service permanent des fondations pieuses du baron d'Aubigny !

« Le sens du " pacte de famille " n'est pas celui que prétend lui donner M. Sabatier.

« Ce pacte comble les lacunes voulues de l'acte officiel « Donation-partage anticipé de 1902 ». Il est aussi incomplet que possible, n'est signé que de M. François de Charette ; il ne prévoit ni la mort du signataire, ni la plus-value, ni la moins-value, du lot terrien. Il a été fait purement et simplement pour assurer les volontés testamentaires du baron d'Aubigny, qui fixait à 10.400 francs les rentes à servir aux écoles, chiffre qui correspondait aux nécessités de l'époque, faisant vivre quatre écoles et en subventionnant sept. C'est pour assurer cette rente que le lot terrien hors part fut constitué, dont la valeur réelle (valeur-or) — nous sommes en 1902 — fut estimé 346.666 francs.

« Le " pacte de famille " a donc été fait pour préciser que le lot préciputaire n'était pas la propriété entière et absolue de M. François de Charette ; qu'il était grevé de charges précises ;

---

(1) M. Charles de Charette accepterait aujourd'hui de s'en tenir à l'expression « fondation pie », qualifi- cation qui ne modifie d'ailleurs en rien, à ses yeux, la gravité des obligations de conscience qui en résultent pratiquement.

qu'il était un moyen pour procurer une fin, et une garantie pour assurer loyalement les intentions du baron d'Aubigny.

« Les cohéritiers, solidairement responsables, ont toujours considéré que M. François de Charette ne pouvait disposer librement de cette garantie, tenue par eux comme un *dépôt sacré*, tant qu'il ne se serait pas libéré de la charge liée à ce lot. Ils ont, d'ailleurs, toujours été et sont encore dans la disposition d'assurer solidairement cette charge, à condition que le moyen efficace, constitué par M. Alain de Charette pour assurer la fin voulue du baron d'Aubigny, leur soit remis entre les mains, à savoir un capital de valeur nominale correspondant à la valeur réelle du lot préciputaire, soit 346.666 francs-or.

« Cette prétention est fondée sur un droit certain. En effet, à la mort de Pierre de Charette, héritier du baron d'Aubigny, tous ses frères et sœurs ne renoncèrent à sa succession, en faveur de leurs parents, que pour leur permettre de faire un partage entre vifs et sauvegarder les œuvres du baron d'Aubigny. Cette décision interdisait donc à M. Alain de Charette d'avantager aucun de ses enfants et laissait à ceux-ci le droit de veiller à ce que la fin pour laquelle ils ont renoncé à leur héritage légitime fût assurée selon les conditions prévues par le " pacte de famille ".

« Pour fixer d'ailleurs l'importance que l'on cherche à donner au " pacte de famille ", qu'il suffise de citer le passage d'une lettre de Mme François de Charette, adressée à Mme Marguerite de Charette, le 11 novembre 1923.

« Toute la convention repose, au point de vue conscience, sur le " pacte de famille ", cette
« pièce n'a rien à voir avec la légalité ; elle n'est signée que de François. C'est une simple lettre,
« ni notariée, ni légalisée, déposée seulement dans le coffre-fort du notaire, pour qu'elle ne s'égare
« pas. François l'a signée, comme étant ce à quoi il s'engageait ; il n'y a pas lieu de l'interpréter,
« puisque l'on pouvait y mettre ce que l'on voulait, comme dans n'importe quelle lettre privée qui
« n'a rien à voir avec les lois ».

« Mme François de Charette, la bénéficiaire en définitive du lot préciputaire, pensait donc comme nous, en 1923, de la pièce sur laquelle repose tout le jugement de 1928 ; elle est donc en plein accord avec M. le chanoine Villien, et en plein désaccord avec le mandataire actuel de ses enfants, le M. Sabatier de 1928.

« Nous devons encore tirer de la lettre ci-dessus une autre conclusion.

« Mme François de Charette connaissait le vrai " pacte de famille ", celui signé de M. François de Charette, déposé, en 1902, dans le coffre du notaire ; pourquoi alors en avoir répandu un autre non authentique, mais qui parle de " legs " et qui n'est ni signé, ni daté ? Pourquoi, puisque ce n'était qu'un projet d'acte qui ne fut jamais rédigé en cette forme, lui avoir consciemment donné une date certaine ? Pourquoi surtout l'avoir tronqué de quatre mots d'une importance capitale ? Ce premier projet, en effet, disait dans sa teneur manuscrite primitive :

« Je soussigné..., reconnais par ces présentes que M. et Mme de Charette, mes père et mère,
« m'ont exprimé leur intention de me léguer, par préciput et hors part, le château et une partie
« de la terre d'Aubigny, en me faisant connaître leur désir que j'exécute fidèlement après eux
« les dispositions relatives aux cures et aux écoles et aux legs pieux, stipulées par M. le baron
« d'Aubigny... ».

« Et voici ce que nous lisons dans la copie qui en a été répandue :

« Je soussigné... que j'exécute fidèlement, après eux, les dispositions relatives aux cures et
« aux écoles, stipulées par M. le baron d'Aubigny... ».

« L'oubli des mots « et aux legs pieux » est significatif ; leur maintien eût été l'aveu de ce qu'on nie avec tant d'insistance ; le but éminemment, exclusivement religieux du lot préciputaire.

« *Deuxième considération* (page 3). — Dans l'ordonnance, sous le 2^n, il est dit que M. François de Charette *n'a jamais estimé ni dit que le lot préciputaire ne fut point sa propriété réellement, absolument.*

« Ceci appelle une remarque. On n'est le propriétaire d'une chose *absolument* que si l'on peut en disposer sans condition. Or, il est manifeste que le lot préciputaire n'a jamais eu le caractère d'une propriété sans condition. Il a toujours eu, au contraire, dans la pensée et l'intention, tant du donateur que de ses enfants, le caractère d'une garantie et d'un moyen ordonné à une fin. En effet, M. François de Charette ne pouvait devenir le propriétaire absolu de ce lot qu'en se libérant de la charge assurée par lui et en versant à ses cohéritiers un capital représentant la valeur réelle de leur quote-part.

Il avait parfaitement conscience de ce caractère *conditionnel* du lot terrien ; cela ressort de tout ce que nous avons déjà dit. Et M. Sabatier en pensait tout autant. N'écrivait-il pas, le 14 mars 1906, à M. Alain de Charette :

« Enfin, à la même date (3 juin 1902), M. François de Charette s'est engagé, par un « écrit sous-seing privé, comme *condition à la donation préciputaire à lui faite*, à continuer les « œuvres du baron d'Aubigny, relatives aux cures et aux écoles, résultant du testament olographe « du 9 septembre 1898 » (1).

« D'ailleurs, dans ce même paragraphe 2, pourquoi ne cite-t-on que la lettre de M. François de Charette, du 18 mai 1915, et non celle du 13 avril 1914, qui dit :

« Si on peut réaliser des économies, auquel cas et si tout le monde y consentit, on pourrait « utiliser les revenus préciputaires disponibles pour les pensions que nous avons à payer... ».

« M. François de Charette allait donc jusqu'à s'interdire un bénéfice quelconque sur le lot préciputaire, qu'il considérait comme un bien dont il n'avait pas l'entière et libre jouissance, même après la rente assurée.

« *Troisième considération* (page 4). — Les appellations usuelles : " lot des œuvres ", " dépôt de famille ", sans mettre en question la légitime possession de ce lot par le mandataire de M. Alain de Charette, marquent cependant que ce lot a été constitué *pour les œuvres*, qu'il doit servir à les assurer, soit par lui-même, soit par un capital correspondant à sa valeur.

« L'expression " pacte de famille ", sans être une qualification juridique, signifie qu'on a voulu faire face par cet acte à une obligation qui pèse sur toute la famille de Charette, tenue en conscience, du fait de son héritage, d'assurer solidairement les intentions du baron d'Aubigny. Cette obligation d'honneur et de conscience, commune à tous les héritiers de M. Alain de Charette, est formulée en forts bons termes par M. Sabatier lui-même, dans son rapport du 14 novembre 1922, dont le passage capital a été cité plus haut.

« *Quatrième considération* (page 4). — En effet, il fut décidé un échange entre le lot de M. Charles de Charette, de 184 hectares 48 ares 70 centiares, et ceux de M. François de Charette, de 430 hectares 61 ares 15 centiares, sans qu'il fût jamais question de rapporter une soulte quelconque.

« Quelle preuve plus évidente que le lot préciputaire était considéré par M. François de Charette, qu'il transmettait, sans que l'on puisse l'estimer comme un avantage matériel en faveur de son détenteur ?

« C'est au sujet de cet échange que M. Alain de Charette écrivait à son fils Charles: « C'est « un dépôt sacré que Dieu confie entre tes mains ».

« *Cinquième considération* (page 4). — L'exécution des volontés pies du baron d'Aubigny par les modalités du " pacte de famille " peut assurer la vie des œuvres avec la même efficacité qu'avant la guerre. Elle doit donc le faire.

« En effet, l'appréciation donnée en cet article sur la valeur du lot préciputaire est extraordinaire. Il sera permis de rappeler sa composition: 40 hectares de prés, 20 hectares de bois, deux domaines, 170 hectares de terres et 13 maisons ou locateries. Personne ne conteste que l'administration du lot comporte des dépenses et mérite une rémunération, mais, précisément, le lot a été largement constitué pour que les revenus soient proportionnés aux charges. S'il y avait sur ce point un doute, il pourrait être enlevé par une expertise.

---

(1) C'est nous qui avons souligné le passage capital.

« Le lot préciputaire est susceptible de plus-value ou de moins-value. Encore faut-il reconnaître que la valeur d'un bien-fonds offre une base de stabilité exceptionnelle. En l'espèce, ce lot a été constitué de telle manière qu'il puisse, entre sa plus-value et sa moins-value, assurer sans désavantage appréciable la rente prévue pour les œuvres.

« D'ailleurs, la règle du droit qui veut que, dans les possessions divises, le propriétaire subisse la moins-value et bénéficie de la plus-value, ne paraît pas applicable ici. Le lot préciputaire n'ayant pas le caractère d'une propriété absolue et indépendante, mais celui d'une propriété à charge, l'intérêt du propriétaire n'est pas à envisager d'abord ; celui-ci doit au premier chef et au mieux faire face à ses obligations et ne pas frustrer les intentions du fondateur. Telle était bien, au surplus, la pensée de M. François de Charette, qui entendait faire au mieux le service des pensions à l'aide du lot *constitué à cet effet*. Aussi écrivait-il le 9 novembre 1914 :

« Au sujet des pensions à payer aux écoles, je ne puis m'obliger à les payer intégrale-
« ment sans savoir ce que durera l'état de choses actuel ; je paierai les pensions jusqu'à
« concurrence de ce que rapportera le lot préciputaire constitué à cet effet; cette décision m'est
« imposée parce que le revenu de mes deux lots ne suffira peut-être pas toujours au service de ces
« pensions ».

« Voilà pourquoi on en revient mathématiquement toujours à la base de la question : le lot préciputaire doit rester intégralement au service des œuvres fondées par le baron d'Aubigny, parce qu'il est leur meilleure et leur plus stable garantie.

« C'est d'ailleurs une pure fiction verbale de dire que les ayants droit de M. François de Charette, en remboursant aujourd'hui le chiffre du capital prévu par le " Pacte de famille ", versent une somme qui peut produire un revenu supérieur au chiffre de rentes fixé par le testament et par le " pacte ".

« Nul n'ignore que nous usons d'une monnaie dépréciée, dont la valeur nominale ne corres- pond plus à la réalité des choses, et tout le monde corrige cet écart en établissant une proportion entre le chiffre de la valeur réelle et celui de la valeur nominale. Si l'on veut sortir de la fiction juridique et parler en conscience, il faut dire : « L'intention du fondateur était de faire vivre « certaines œuvres; pour faire vivre ces œuvres, une rente de 10.400 francs était normalement néces- « saire; pour assurer cette rente, il fallait un capital de 346.666 francs-or. On a constitué ce capital « en biens-fonds, dont la valeur n'a pas été dépréciée. Ce capital, subsistant avec toute son efficacité de « moyen, la fin voulue par le fondateur doit être assurée ; il faut donc arriver à une rente qui, « évaluée en francs-papier, corresponde à 10.400 francs or ». Voilà ce qu'exige la justice, en dehors de toute fiction juridique.

« Le versement en une autre monnaie que celle de l'Etat n'est donc pas à envisager ; ce remboursement n'est pas demandé; neuf des héritiers de M. Alain de Charette demandent, au contraire, le maintien et l'attribution du lot préciputaire. Que si ce remboursement nous est imposé en vertu du " pacte de famille ", nous sommes en droit d'exiger en conscience que le montant de la somme ait une valeur effective correspondante à 346.666 francs-or, exprimant la valeur réelle du lot préciputaire constitué pour les œuvres, afin que nous puissions faire face aux obligations que nous assumerions en acceptant ce remboursement.

« *Sixième considération* (page 5). — La question de la Vieille Cure et du pré Sebraud devint insoluble pour la raison suivante :

« Nous avons toujours considéré que le lot préciputaire doit rester intégral, tant qu'il demeure la seule garantie de la totalité des œuvres, selon la disposition testamentaire de M. Alain de Charette et tant qu'un arrangement nouveau n'est pas survenu et n'a pas été accepté par les cohéritiers.

« Or, dans ce lot se trouvent manifestement compris la Vieille Cure et le pré Sebraud, comme le prouve l'acte de partage anticipé de 1902. Rien ne pouvait donc autoriser la vente du pré, ni le projet de vente de la Vieille Cure (de fait, celle-ci ne fut pas vendue). L'aliénation du pré fut d'autant plus regrettable que M. Alain de Charette avait donné l'assurance qu'il ne serait jamais aliéné. (Voir lettre de M. le curé d'Augy).

« *Septième considération* (page 5). — Puisque les difficultés exceptionnelles de la guerre amenèrent M. François de Charette à réduire, pendant deux années, de 25 % les rentes à servir aux titulaires des écoles, pourquoi, si on admet une réduction, ne pas exiger, par contre, une augmentation, quand une plus-value s'est produite ? Cela nous permet de dire hautement que si tous nous nous sommes élevés contre la non-exécution des charges du lot des œuvres, c'est parce que notre conscience a été révoltée de voir fermer une école de trente-cinq garçons, par la simple raison que l'on avait, à plusieurs reprises, refusé l'augmentation nécessaire du traitement originel de 2.400 francs de l'instituteur (lettre de M. Gravelat).

« L'ordonnance affirme que la proposition d'entretenir complètement l'école d'Aubigny a été faite par Mme François de Charette. N'est-il pas regrettable, au contraire, que l'on ait refusé de donner une aide à l'institutrice trop âgée, et qu'ainsi on ait motivé la pétition qui amena l'ouverture de l'école laïque, en 1925 ?

« L'ordonnance déclare encore que « une compensation de cette réduction » (la réduction de 25 %, par suite des difficultés de la guerre) fut fournie dans la suite par les ayants droit de M. François de Charette.

« Monseigneur s'est-il fait montrer les comptes de 1914 et 1915 ? Voulant faire tout ce qui lui était possible, M. François de Charette écrivait le 18 octobre 1915 :

« Comme il m'est interdit de tirer un bénéfice quelconque de la part préciputaire, tant que « les pensions ne seront pas payées, revenant sur le projet de réduction du quart, j'affecterai au « paiement des pensions ce que rapportera le lot préciputaire, mais sans plus; j'écris à Germaine « dans ce sens ».

« Enfin, nous ne pouvons taire les agissements que suscite cette affaire, et nous nous regardons comme offensés par la production d'un " pacte de famille ", qui n'était pas authentique et qui a été répandu partout, afin de former un courant d'opinion, faux pacte de famille en opposition avec le véritable pacte dont il a été question plus haut.

« La copie qui circule du faux pacte a été faite, nous y avons déjà fait allusion plus haut, sur un projet élaboré en l'étude du notaire. Ce projet, comme tel, ne portait pas de prénom (la place étant laissée en blanc) et encore moins de date. Le pacte véritable, différant comme texte du projet, était au nom de M. François et daté du 3 juin 1902, date du partage anticipé de la terre d'Aubigny. Pour faire circuler le projet comme s'il eût été le vrai pacte, on l'a mis, lui aussi, au nom de M. François de Charette, on l'a daté (en se trompant d'un an) du 3 juin 1903 ; on a passé, comme trop compromettants, quatre mots du projet qui avaient une signification toute spéciale, nous l'avons dit plus haut, puisqu'ils parlaient des dispositions du baron d'Aubigny, relatives aux cures et aux écoles et *aux legs pieux.*

« De plus, et c'est là le point capital, le vrai pacte s'écarte notablement et presque en toutes ses parties du projet ci-dessus. Pour être bref, nous mettrons simplement en regard la première phrase de l'un et l'autre document :

TEXTE AUTHENTIQUE	TEXTE RÉPANDU
« Je soussigné, Marie-Joseph-Gaspard-François-Xavier de Charette de la Contrie, reconnais par ces présentes que M. et Mme de Charette de la Contrie, mes père et mère, en m'attribuant par préciput et hors part un lot d'une valeur de 419.797 francs dans le partage anticipé de la terre d'Aubigny, reçu aujourd'hui même par Me Sabatier, notaire à Moulins, ont eu la pensée de m'instituer leur successeur pour continuer après eux et à partir du jour où j'aurai réuni l'usufruit à la nue-propriété du lot qui m'a été attribué, l'exécution des dispositions relatives aux cures et aux écoles... ».	« Je soussigné, M. François de Charette de la Contrie, reconnais par ces présentes que M. et Mme de Charette, mes père et mère, qui ont exprimé leur intention de me léguer par préciput et hors part le château et une partie de la terre d'Aubigny, en me faisant connaître leur désir que j'exécute fidèlement après eux les dispositions relatives aux cures et aux écoles... ».

« Le texte répandu parle de *legs*, et non sans raison d'ailleurs, puisqu'il visait le *testament* provisoire de M. et Mme Alain de Charette, testament rendu caduc par le partage anticipé. Or, ceux qui le mirent en circulation savaient le testament caduc, connaissaient, nous l'avons démontré, le véritable pacte et, de plus, tronquaient le texte même qu'ils répandaient. Comment qualifie-t-on juridiquement ces procédés ?...

« Le texte authentique, dans le passage cité, donne la valeur brute du lot: 419.797 francs-(or) ; plus loin, il capitalise les rentes à 346.666 francs-(or) ; c'est encore une preuve de ce que nous avons dit plus haut, à savoir que les charges du lot avaient été très largement comptées.

« Je veux terminer, Monseigneur, mais avant de finir, permettez-moi encore ces quelques mots.

« J'ai le regret de constater qu'une fausse déposition a été faite à la première audience (devant Mgr Penon), par un témoin à qui l'on ne réclama aucune preuve et qui a influencé l'opinion des juges, sans craindre de salir la mémoire de M. François de Charette.

« Je rappelle la vente faite par Mme François de Charette du pré de Couzon, attribué depuis 1873 à la cure de Couzon, vente faite au président du Grand-Orient de France ; alors que le 5 décembre 1922, je proposais devant un témoin, M. le Vicaire général Michel, de le racheter à prix égal pour le rendre à sa destination première. M. le Vicaire général Michel le notait en ces termes, dans son rapport du 22 janvier 1923 :

« M. Charles de Charette offre de payer ce pré au cours du jour pour le rendre à son
« affectation...

« Malgré ces arguments et d'autres que M. de Charette tire de l'avenir de l'œuvre scolaire,
« de l'honneur de la famille et fait valoir avec une foi vive, une noblesse de sentiments des plus élevée
« et des plus désintéressée, un calme plein de conciliation, M. de Crousaz exprime sa résolution nette
« et absolue de poursuivre la vente de son domaine du Béton, y compris ledit pré ».

« Ce scandale motiva, dès le 1er janvier 1923, une protestation de M. le curé actuel de Couzon, de laquelle j'extrais les passages suivants :

« Je m'aperçois, non sans amertume et sans haut-le-cœur, Monsieur, que toutes mes réclama-
« tions et celles de mes supérieurs ont été inutiles et que le pré de la cure est devenu ainsi, comme l'on
« s'en doutait, la propriété du Vénérable Frère Mille, le président actuel du Grand-Orient...

« Je le regrette aussi, Monsieur, pour l'honorabilité du beau nom que vous portez...., et je
« serais heureux de connaître les causes, motifs ou preuves ayant pu donner des droits indiscutables
« à la vente définitive du pré, sans qu'on puisse, au regard de l'Eglise, accuser votre famille de
« spoliation sacrilège... ».

« Je rappelle enfin qu'à cette dernière audience le " témoin qualifié ", non content de prêter à M. Alain de Charette des intentions, invente et prétend imposer aux héritiers qui n'ont pas reçu le lot préciputaire le rachat des cures et des écoles dépendantes de ce lot. Quel est donc l'acte dans lequel figure cette charge ? Où Me Sabatier en a-t-il pris les éléments ? Ses notes personnelles seraient-elles, par hasard, des actes officiels ?

« Cette question est grave et le rapport proposé à Votre Grandeur donne l'impression que ni le mémoire de M. le chanoine Villien, ni la déposition de M. le chanoine Chenillat, confident et ami de M. d'Aubigny et de mon père, signataire de l'acte de partage de 1902, ni les nombreux documents authentiques n'ont été pris en considération.

« Les conclusions de l'Ordonnance, élevées sur des bases aussi fragiles, aboutiraient à l'anéantissement presque total des œuvres fondées par le baron d'Aubigny, et logiquement à l'inexé-cution des clauses testamentaires ; elles entraîneront ainsi de très graves conséquences.

« Votre Grandeur m'a toujours fait un accueil si paternel et encourageant, Elle m'a donné des assurances si nombreuses que justice serait rendue, que je ne me les rappelle jamais sans confiance. Me souvenant des paroles adressées à ma sœur de Guigné et à moi, sur les mesures à prendre envers les héritiers de M. François de Charette, s'ils ne se soumettaient pas, je ne puis croire que la décision de Votre Grandeur soit définitive.

« Vous-même, Monseigneur, aviez fait une offre de transaction de 900.000 francs ; la succession de Mme François de Charette vous opposa un refus brutal, m'avez-vous dit.

« Dans toute cette affaire, nous n'avons fait que suivre la ligne de conduite tracée par mon père, dont les écrits disent :

« Aubigny, 8 février 1908 (lettre adressée à M. le Vicaire général).

« Vous comprendrez, Monsieur le Vicaire général, que le jour où je viendrai à disparaître,
« mes héritiers et plus particulièrement celui qui me succédera ici, doivent trouver dans mes cahiers,
« avec l'explication de ce que je crois pouvoir faire aujourd'hui, la possibilité et les moyens, dans
« toute leur intégralité, de remplir les devoirs que ma conscience se croit obligée de transmettre à
« la leur ».

« Ces pièces ont-elles été réclamées ?

« Plus loin, il est dit :

« Par la confiance dont m'a honoré le baron d'Aubigny, je reste en ce monde comme un
« autre lui-même ».

« Et le 2 mars 1907 :

« J'élève donc la voix au nom de M. le baron et de Mme la baronne d'Aubigny, dont la
« Providence m'a fait le représentant, mais surtout le continuateur des œuvres qu'ils ont fondées ».

« Ces écrits ne sont que la conséquence de devoirs de conscience contractés en recevant la succession du baron d'Aubigny, comme le fait si bien ressortir le rapport du témoin, M. le chanoine Chenillat.

« Je rappelle également les passages de l'article du journal *Le Messager de l'Allier*, du samedi 19 novembre 1898 :

« Le baron d'Aubigny fut le bienfaiteur de la contrée toute entière, et il laisse derrière lui
« des œuvres importantes, qui conserveront son nom, son souvenir, durant de longues générations.
« La terre passe aux mains d'un héritier, M. Alain de Charette, dont le nom sonne glorieusement,
« et qui saura continuer les nobles traditions de l'honorable défunt ».

« De tout ceci, une conclusion s'impose :

« Profitons-nous encore de la fortune du baron d'Aubigny ?

« Oui.

« Le lot préciputaire hors part, créé par M. Alain de Charette pour maintenir les écoles nommées dans le testament du baron d'Aubigny, existe-t-il toujours ? Et a-t-il des revenus suffisants pour le maintien des œuvres ?

« Oui.

« Mme François de Charette avait-elle le droit de faire tomber les écoles pour s'approprier le lot préciputaire hors part, dit " Lot des œuvres " ?

« Non.

« La décision prise par Votre Grandeur nous amène à la conclusion suivante : Pour les œuvres, le revenu d'une somme d'environ 200.000 francs-papier ; pour les héritiers de M. François de Charette, un lot terrien hors part de *un million et demi*, alors que les intentions formelles de M. Alain de Charette sont de n'avantager aucun de ses enfants, mais de maintenir toutes les œuvres fondées par le baron d'Aubigny.

« Nous demandons que les intentions de notre père soient respectées ; qu'aucun de ses héritiers ne soit avantagé au détriment des œuvres, et que ces œuvres soient assurées.

« René DE CHARETTE,
« Charles DE CHARETTE,
« Louise DE CHARETTE, en religion Mère Saint-Joseph,
« Gaston DE YRIGOYEN,
« Comtesse DU FAY,
« Comte DU FAY,
« Vicomtesse DU HALGOUET,
« Vicomte DU HALGOUET,
« Marguerite DE CHARETTE, en religion Mère Saint-Alain,
« Comtesse DE GUIGNÉ ».

DEUXIÈME PARTIE

Examen du Débat et Conclusions

I. — DROITS ET OBLIGATIONS DES PARTIES

CHAPITRE XXVI

DROITS ET OBLIGATIONS DES COHÉRITIERS

Le débat survenu autour de la succession d'Aubigny ne peut se résoudre que dans une vue exacte des droits et obligations de tous les cohéritiers, puisque la source du conflit se trouve dans la divergence d'appréciation des droits et obligations respectifs des deux parties en présence.

Les droits et obligations des enfants de M. Alain de Charette ont leur origine unique dans les droits et obligations de leur frère Pierre, dont ils héritèrent *solidairement* et *également*.

§ 1. — FONDEMENT ET OBJET DE CES DROITS

Les droits des cohéritiers portent directement et radicalement, comme ceux de Pierre de Charette, sur la terre même de la propriété d'Aubigny, qui devait leur être partagée en lots de valeur égale.

1. Les cohéritiers n'ont renoncé, en faveur de leurs parents, à entrer en possession de leurs droits légitimes que pour une fin : assurer la vitalité des œuvres du baron d'Aubigny. Ils n'ont nullement entendu renoncer par là ni au fondement de ces droits, ni à leur répartition en temps voulu à titre égal, ces droits correspondant, en effet, à un devoir égal de soutenir la charge des œuvres. Ils ont seulement pourvu, par cette

renonciation, à mieux organiser, par l'intermédiaire de leurs parents, la répartition de ces charges, et à mieux en garantir l'exécution, grâce à l'unité d'administration.

2. A cette fin fut unanimement consentie la constitution d'un lot préciputaire hors part à déduire de la masse de l'héritage commun. Tous les cohéritiers devenaient ainsi co-fondateurs de ce lot hors part destiné aux œuvres, par l'intermédiaire de leurs parents.

3. La condition absolue et formelle de cette renonciation, et sa seule raison d'être, étaient le maintien des œuvres, dont tous les cohéritiers étaient responsables solidairement, et dont le bénéficiaire du lot prenait la charge directe.

4. En renonçant à cette part de leur héritage personnel, à titre conditionnel et provisoire, c'est-à-dire sous condition du maintien des œuvres, ils conservaient le droit de récupérer cette part si les conditions de la renonciation n'étaient pas remplies.

5. La convention de famille appelée " Acte de partage anticipé ", qui constituait ce lot hors part, en attribuait la propriété à François de Charette. Toutefois, cette propriété était non absolue, mais conditionnée, en ce sens que si François de Charette cessait de remplir les conditions de son mandat, ses frères et sœurs reprenaient leurs droits sur la partie de l'héritage terrien remise par eux à cet effet, ou du moins après entente, sur la valeur réelle de cette part d'héritage légitime.

6. Ce droit radical et original sur la terre elle-même, objet de l'héritage, ou conventionnellement sur sa valeur réelle, François de Charette le reconnaissait, en s'engageant à verser à ses copartageants, à mesure que les charges cesseraient, le montant proportionnel de leur part d'héritage (ou part virile héréditaire) sur la somme de 346.666 francs.

7. Cette somme fut fixée comme étant l'expression juste, à cette époque (1902), de la valeur réelle du lot terrien à partager éventuellement.

A la vérité, ce lot valait davantage, car le partage de la terre d'Aubigny étant fait en famille, chacun des lots, y compris le lot hors part, fut estimé, comme il est notoire, à sa valeur vénale minima.

Cette différence en plus entre la valeur absolue et la valeur légale minima déclarée, chaque cohéritier en bénéficiait pour son lot personnel. Pour le lot hors part, constitué uniquement en vue des œuvres, les œuvres seules devaient en bénéficier (1).

Et en effet, ces œuvres, comme nous l'avons établi, avaient des droits et des besoins dépassant la rente de 10.400 francs correspondant au capital de 346.666 francs (à 3 %). A ces besoins répondait l'excédent réel (non déclaré) entre la valeur vénale du lot et la somme de 346.666 francs.

Toutefois, les cohéritiers acceptaient de ne retenir leurs droits que sur la somme

---

(1) Cette différence entre la valeur *réelle* ou absolue du lot hors part, et la valeur vénale *minima*, pouvait donc arriver à constituer pour le titulaire de ce lot, de même que le château d'Aubigny et ses dépendances, un avantage réel : c'était au cas de la ruine inévitable des œuvres. Jusque là, comme s'exprime M. Alain de Charette, l'avantage n'avait qu'un caractère « aléatoire », comme subordonné à ce cas fortuit. Il pouvait le considérer comme une sorte de compensation « supplémentaire » pour de longues années de gestion.

représentant la valeur légale (minima) de leur *part virile héréditaire du lot hors part,* somme fixée, en 1902, à 346.666 francs (1).

§ 2. — Egalité de ces Droits

Les droits des cohéritiers de Pierre de Charette étant égaux, ceux-ci, en renonçant provisoirement et conditionnellement à leur part, conservaient le droit absolu à l'égalité de traitement dans le partage subséquent que devaient faire leurs parents. Aucun des cohéritiers ne devait avoir dans la convention un avantage à titre personnel.

1° De fait, M. Alain de Charette, dans l'acte de partage anticipé, n'a voulu avantager matériellement aucun de ses enfants. Il n'en avait pas le droit. Il n'en eut pas l'intention. Le seul avantage matériel consenti à François — et qui fut admis par tous — fut accordé comme compensation des charges afférentes à la succession de M. Alain de Charette dans l'administration du lot des œuvres et le maintien de celles-ci (2).

2° De leur côté, les cohéritiers n'ont jamais revendiqué aucun droit sur le château d'Aubigny et ses dépendances immédiates (3). Par contre, ils se sont toujours reconnu un droit radical sur le lot des œuvres. Ce sont eux, en effet, qui ont, de par leur consentement et par l'intermédiaire de leur père, *distrait* ce lot de la masse et l'ont attribué aux œuvres pour faire face à leurs propres obligations (4).

3° C'est leur qualité d'*héritiers légitimes* qui leur confère un droit absolu à récupérer la valeur réelle de ce lot, chacun pour sa part, dans la mesure même où ce lot vient à être dégrevé de sa charge. Lorsque François devra, éventuellement, leur restituer la valeur de cette part d'héritage, il n'aura pas le droit de retenir pour lui-même un bénéfice net sur le fonds; ce faisant, il s'attribuerait injustement une part de l'héritage légitime de ses frères et sœurs.

4° Le droit des cohéritiers de récupérer, éventuellement, leur *part virile hérédi-taire* sur le lot des œuvres n'a rien de commun, évidemment, avec une *créance hypothécaire,* comme semble l'insinuer Mᵉ Pruvot [en l'attribuant d'ailleurs aux Œuvres], dans une note rédigée en 1928 (13 mars). Cette part virile héréditaire a exactement la valeur de ce que chacun a détaché de sa part d'héritage en vue des œuvres. Les œuvres cessant, *cette part* revient à l'*héritier* (ou la valeur réelle de cette part, selon conventions).

5° Puisque, les charges tombant, les cohéritiers rentrent dans leurs droits, on doit leur restituer leur part égale sur la valeur réelle du lot des œuvres, estimée, selon le barême adopté dans l'acte de partage de 1902, à 346.666 francs-or.

---

(1) Mᵉ Sabatier est bien obligé de reconnaître que cette somme doit être considérée comme l'expression d'une valeur immobilière réelle. (Voir son rapport du 14 novembre 1922, que nous avons donné plus haut).

(2) Cet avantage matériel consiste principalement dans le château et ses dépendances immédiates. M. le chanoine Chenillat témoigne clairement de l'intention de M. Alain de Charette sur ce point, dans sa lettre à M. Charles de Charette, du 11 décembre 1922 (Doc. n. LXXXVI).

(3) M. Maxence de Charette, mineur lors du partage, émit à sa majorité une réclamation qui ne fut pas admise. (Doc. n. XI. Cf. également Doc. n. LXI).

(4) Quand les sœurs de Pierre de Charette, religieuses Auxiliatrices, renoncèrent à leurs lots personnels, lors de l'arrangement de famille du 7 juillet 1914, elles conservèrent néanmoins leurs droits sur le *lot des œuvres.*

Tel est manifestement le sens de la convention de 1902. Si, par suite de la dévalorisation de la monnaie, ce qu'on appelle aujourd'hui 346.666 francs ne représente plus la valeur réelle du lot, il est évident que François de Charette [ou ses ayants droit] ne remplirait pas ses obligations, en payant, selon la lettre du Pacte, une somme qui ne serait plus l'expression de la valeur à restituer en stricte justice.

Si le franc déprécié était réduit à la valeur d'un centime, le détenteur du lot hors part ferait-il face à ses obligations en restituant aux cohéritiers le centième de la valeur de leur part virile héréditaire, et en acquérant pour 3.466 francs-or une propriété de plus de 220 hectares ?

L'opération serait exactement de même espèce, le franc étant réduit à une valeur de vingt centimes. Elle équivaudrait à une usurpation d'héritage au préjudice des cohéritiers, et si, de plus, elle est faite au préjudice des œuvres, à la violation des engagements d'honneur pris par la famille de Charette, en acceptant de bénéficier de l'héritage du baron d'Aubigny.

§ 3. — Obligations des Cohéritiers de François de Charette

Ces obligations, relatives au maintien des œuvres, découlent directement de l'acceptation, par M. Alain de Charette, de la succession du baron d'Aubigny et de l'acceptation par tous ses enfants de la succession de leur frère Pierre.

1° Bénéficiaires d'une partie de la succession, ils sont originellement et solidairement responsables des obligations inhérentes à leur commun héritage ; ils ne peuvent, en aucun cas, s'en désintéresser absolument.

2° En vertu de la convention de 1902, la responsabilité immédiate des œuvres devait revenir à François de Charette, dès qu'il unirait l'usufruit à la nue-propriété du lot des œuvres. Il devenait, à ce moment, le mandataire de ses parents et indirectement de ses frères et sœurs, puisque M. Alain de Charette, qui présidait à l'arrangement, n'était, en définitive, pour une très large part, que le mandataire de tous ses enfants, héritiers comme lui.

3° Les cohéritiers de François, même après la convention, gardaient leur responsabilité radicale inaliénable; mais ils n'avaient pas à intervenir dans la gérance de leur frère, tant qu'il conservait son mandat, et que l'objet de celui-ci s'avérait normalement assuré.

4° Ils abandonnaient à leur frère la propriété du lot, sans esprit de retour, comme ils lui laissaient la responsabilité immédiate des œuvres, sans intention de reprise. La pensée ne vint à personne — et le contraire ne saurait être prouvé — que François pourrait, après avoir accepté le lot des œuvres, transmettre à ses frères les charges auxquelles il correspondait. C'est précisément dans la prévision contraire que fut consentie la renonciation commune et que fut rédigé l'Acte de partage anticipé. C'est, en effet, uniquement pour éviter les inconvénients et les risques d'une dispersion des charges, que tous les cohéritiers s'entendirent pour concentrer dans les mains d'un seul (membre de la famille) le soin des œuvres, en lui donnant la garantie d'un lot terrien pour assurer leur maintien.

5° Vouloir restituer les charges à la communauté est donc contraire à la convention de 1902 et à l'intention de tous les co-fondateurs.

6° Les frères et sœurs de François de Charette ne redeviennent immédiatement responsables des œuvres qu'au moment où s'avère ou s'affirme la carence du mandataire ou de ses ayants droit.

Mais aucun pacte subséquent au partage n'étant intervenu entre les cohéritiers responsables pour envisager ce cas, considéré comme inadmissible en principe, on ne saurait leur imposer la responsabilité directe des œuvres, en vertu d'un acte unilatéral, signé du seul mandataire.

En cas de carence du mandataire, leur droit et leur devoir d'intervenir ne reposent que sur l'obligation attachée à l'acceptation de l'héritage de leur frère Pierre, et nullement sur le prétendu " Pacte de famille " unilatéral.

7° Au moment où le mandataire fait défaut, la renaissance de l'*obligation* radicale de tous les héritiers de sauvegarder les œuvres dans la mesure du possible, entraîne pour eux le *devoir* strict — reconnu par ailleurs comme un droit strict — de récupérer le lot distrait par eux de la masse pour le maintien de ces œuvres (ou du moins la valeur réelle de ce lot).

8° Aucun acte, surtout secret, de l'*un* des cohéritiers, ne saurait prévaloir contre les droits et obligations de ceux-ci, qui découlent directement de la nature même des conventions de 1902.

CHAPITRE XXVII

DROITS ET OBLIGATIONS DE FRANÇOIS DE CHARETTE EN PARTICULIER

---

§ 1. — EN CE QUI CONCERNE SON LOT PERSONNEL ET LE LOT PRÉCIPUTAIRE

François de Charette possède, à des titres divers :

1° Son lot personnel, au même titre que ses frères et sœurs, c'est-à-dire avec l'obligation morale de participer, à égalité avec eux, au maintien des œuvres ;

2° Le château d'Aubigny et ses dépendances immédiates qui, bien que faisant partie du lot préciputaire hors part, lui est donné en toute propriété, à charge de s'occuper du maintien des œuvres ;

3° Sa part virile héréditaire sur le reste du lot préciputaire, proprement réservé aux œuvres, au moment où, la charge venant légitimement à tomber, ce « lot des œuvres » est, par le fait, libéré de sa charge.

§ 2. — En ce qui concerne le lot des œuvres en particulier

1° Tant que les œuvres subsistent normalement, François de Charette a, en vertu de l'Acte de partage, la propriété de ce lot et le droit de l'administrer par lui-même ;

2° De par son origine même, et en raison des obligations qui s'y rattachent, la propriété de ce lot est *conditionnelle :* les œuvres cessant d'exister (légitimement), il doit, en effet, pour la conserver légitimement, en racheter les 9/10es à ses frères et sœurs, à qui elle revient alors de plein droit ;

3° Ses frères et sœurs restant radicalement responsables des obligations inhérentes à leur commun héritage, François de Charette ne peut disposer à son gré du lot des œuvres : il ne peut ni le vendre, ni le modifier, surtout définitivement, sans l'approbation de tous ses cohéritiers, puisque ceux-ci n'ont consenti à sa constitution que comme garantie des œuvres incombant originellement à tous, et puisqu'ils ont droit, éventuellement, à récupérer sa valeur intégrale.

Nous trouvons la confirmation de ces principes dans un document intéressant. Il s'agit d'une lettre de Me Sabatier, du 25 mars 1907, dans laquelle il répond à une consultation de M. Alain de Charette, relative à l'emprunt hypothécaire de 110.000 fr. que François de Charette demandait de faire sur l'ensemble de ses deux lots, son lot personnel et le lot préciputaire.

A cette demande, Me Sabatier opposait les remarques suivantes :

« ... 2° Cette autorisation prévoit une hypothèque frappant tous les immeubles attribués à M. François de Charette. Cette hypothèque ne devrait-elle pas être restreinte au lot qui lui a été alloué comme héritier présomptif et d'une valeur égale au lot de ses frères et sœurs ? N'estimez-vous pas que le lot qui lui a été attribué à titre préciputaire ne doit pas être hypothéqué, tant en raison des intentions qui vous ont déterminé à créer à son profit ce lot préciputaire, que des engagements particuliers pris par M. François de Charette au profit de ses frères et sœurs ? ».

Et il concluait :

« En résumé, je crois que vous pouvez donner satisfaction à Monsieur votre fils, à la condition de modifier l'autorisation en la restreignant comme je vous l'ai expliqué au début de ma lettre » (1).

4° M. François de Charette, vrai mandataire de sa famille, *était donc responsable de sa gérance* envers ses frères et sœurs. Il le reconnaît lui-même dans une lettre du 21 janvier 1916 à Mme Charles de Charette :

« En ce qui concerne les traitements à verser aux écoles, je ne crois pas, sauf erreur, que nous soyions solidaires ; les cohéritiers ne sont pas responsables, mais moi je le suis vis-à-vis d'eux, en ce sens que je ne puis changer l'état des choses sans les aviser ou les rembourser. A la fin de la guerre, je les aviserai de ce que j'aurai été obligé de changer temporairement » (2).

De cette déclaration, il résulte :

Que M. François de Charette, tant qu'il conserve son mandat, est comptable, envers ses frères et sœurs, de son obligation de ne rien rien changer par lui-même et surtout définitivement à « l'état des choses » concernant le lot des œuvres et ses charges ;

---

(1) Doc. n. LXXXVII.
(2) Doc. n. LXXXVIII.

Que s'il croit devoir réduire les allocations au moment de la guerre, il n'entend le faire qu'à titre « momentané » et parce qu'il s'y voit « obligé » (1). On trouve ici un commentaire autorisé et non abusif du texte du Pacte de famille : « Conserver aux cures et écoles leur affectation spéciale aussi longtemps que cela sera possible, ce dont je serai seul juge ». C'est-à-dire : sauf impossibilité, qui m'apparaîtra telle en rigueur de conscience.

5° M. François de Charette n'aurait donc laissé tomber les écoles que s'il y avait été obligé par vraie nécessité. Tant que ses ayants droit ou successeurs dans ses obligations n'auront pas prouvé que la fermeture des écoles était absolument inévitable par défaut des ressources destinées exclusivement à leur maintien ou par quelque autre force majeure, ils seront convaincus d'avoir manqué aux conditions essentielles des conventions.

6° C'est donc une opinion contraire aux faits et aux textes les plus clairs, qu'émettait M. le chanoine Lavignon, lorsqu'après la mort de M. François de Charette, il écrivait, dans son rapport à Mgr Penon, sur la succession d'Aubigny :

« Mais ces avantages [dont bénéficiait M. François de Charette par l'attribution qui lui était faite du lot préciputaire] n'étaient sérieux qu'à une condition : c'était que le possesseur fût réellement propriétaire et non pas seulement une sorte de fidéicommissaire, sous la surveillance et dépendance (2) des cohéritiers. Si M. François de Charette n'avait pas eu la jouissance complète, avec droit de modifier, d'échanger ou de vendre tout ou partie de sa propriété (3), je suis convaincu qu'il n'aurait jamais accepté une situation pareille. Je ne pense pas que M. Alain de Charette, son père, ait voulu imposer à son aîné cette sorte de position gênante et même humiliante. Et dans tous les cas, si M. Alain de Charette eût voulu que le lot fût maintenu à perpétuité dans sa forme primitive, il n'aurait pas dû laisser à son héritier le droit de se libérer par le versement d'un capital fixé à 340.000 fr. [sic] » (4).

Cette « opinion » de M. Lavignon, qui ne repose sur aucun texte ni aucun témoignage, et est contraire aux textes et faits connus, méconnaît la responsabilité fondamentale de toute la famille de Charette touchant les œuvres, la portée des obligations du mandataire, le droit radical des frères et sœurs sur le lot terrien affecté aux œuvres, et la raison d'être même d'un lot préciputaire hors part dans l'Acte de partage.

7° François de Charette ne pouvait résilier son mandat, sauf cas de force majeure, sans détruire du même coup, et par la base, la convention même de l'Acte de partage.

Rien dans cet Acte ne l'autorisait à se libérer de ce mandat pour le reporter sur ses cohéritiers : cette nouvelle situation enlevant toute sa raison d'être à l'essentiel de la convention, qui était de concentrer ce mandat sur un seul des membres de la famille.

Ce mandat était lié à l'acceptation sincère du lot préciputaire, et était ainsi le résultat d'un *véritable contrat* passé entre les cohéritiers et leur mandataire, contrat que celui-ci n'avait pas le droit de rompre par sa *seule* volonté. En outre, l'*intérêt des œuvres*, qui dominait tout l'Acte de partage, était lié intimement, dans l'intention formelle des contractants, à la conservation de ce mandat par son titulaire unique.

Le mandat ne pouvait donc trouver son terme que par la disparition de son objet, c'est-à-dire par l'impossibilité réelle de maintenir les œuvres.

---

(1) Doc. n. XXIII.

(2) On remarquera en passant combien le choix de ces termes forcés dénature la réalité des faits.

(3) Assertion formellement contredite par les paroles de Me Sabatier et celles de François de Charette, citées plus haut.

(4) Doc. n. XV.

C'était donc méconnaître complètement le caractère spécial et essentiel du mandat en question et fausser radicalement le sens de l'Acte de partage, que de prétendre appliquer audit mandat, comme M⁰ Sabatier ne craignit pas de le faire (sur le tard), ces principes ou ces assertions :

« Toute convention ou engagement doit prévoir un terme... Cette convention constituant un mandat, n'était-il pas naturel de dire qu'elle prendrait fin par la volonté du mandataire, puisque tout mandataire, en principe, a le droit de se désister du mandat qui lui a été donné » (1).

6° On peut concevoir le cas où François de Charette (ou ses ayants droit), tout en ayant la possibilité matérielle de remplir sa mission, se trouverait en face d'une quasi *impossibilité morale;* et dans ce cas, il pourrait et devrait transmettre la charge à ses cohéritiers.

Mais tout d'abord il ne saurait s'agir d'une simple raison de *convenance personnelle* ou de bon plaisir, où l'on ferait abstraction de l'intérêt sacré des œuvres, lié, dans les intentions de tous, a un mandataire unique. Une pareille « raison » n'a jamais été envisagée par François de Charette. En acceptant loyalement le lot préciputaire hors part, il n'a jamais pu admettre cette interprétation abusive du « dont je serai seul juge », dont il accepta la rédaction. C'est pourtant celle que Mᵐᵉ François de Charette fit sienne, comme il ressort clairement de la lettre qu'elle écrivait, le 2 août 1920, à Mᵐᵉ la vicomtesse du Halgouët (née de Charette) :

« J'ai l'intention d'user de la faculté q e me donne le Pacte (2), de cesser les rentes en remboursant à mes cohéritiers la part qui leur revient. Ceci pour des raisons trop longues à t'expliquer, mais dont les *principales* sont l'impôt sur le revenu, qui existe, et le projet d'impôt sur le capital » (3).

Ce sont les mêmes « raisons » de convenance personnelle, « raisons » — que Mᵐᵉ François de Charette *aurait fort bien pu envisager, lors de l'acceptation* de son mari, *et la lui faire refuser* — que l'on retrouve chez elle, avant 1920, lorsque, dès son arrivée à Aubigny, en examinant sa situation et ce qu'elle devait au sujet des écoles, « elle prit la décision de *liquider une situation* qui pouvait devenir, *par les successions*, inextricable » (4). (Voir partie historique de ce mémoire, page 21).

En toute hypothèse, dans le cas spécial d'une quasi impossibilité *morale*, que l'Acte de partage et les co-fondateurs du lot préciputaire n'ont pas envisagé, il devrait nécessairement intervenir entre tous les cohéritiers un *nouvel* Acte, une *nouvelle* convention, pour déterminer les conditions du transfert de la charge, soit à un autre membre de la communauté, soit à la communauté elle-même constituée en société, et des moyens de faire face à cette charge, spécifiés dans l'Acte de partage.

En résumé, il résulte de tous les faits et documents, y compris le " Pacte de famille ", apprécié comme il doit l'être (Voir chapitres suivants) :

a) Que M. François de Charette n'avait pas la propriété du lot des œuvres à titre strictement personnel et inconditionnel ;

---

(1) Rapport du 14 novembre 1922, cité plus haut.

(2) Il s'agissait d'une copie du *faux* pacte de famille, qu'elle envoyait à sa correspondante.

(3) Doc. n. LXXXIX. Voir également au Doc. n. LXXXIX *bis*, les explications assez embarrassées de Mᵐᵉ François de Charette à propos du *faux* pacte.

(4) Doc. n. LII *bis*.

b) Que son droit était limité par celui de ses frères et sœurs, auxquels il devait restituer, éventuellement, leur part virile héréditaire de ce lot, ou, conventionnellement, la racheter à sa valeur ;

c) Que la responsabilité des œuvres reposant directement, mais non exclusivement sur lui, le droit de propriété du lot des œuvres lui revenait à titre de mandataire, responsable vis-à-vis de ses frères et sœurs;

d) Que ce lot des œuvres, intégralement, c'est-à-dire sa valeur réelle, devait être restituée, pour les 9/10ᵉˢ, à ceux-ci, au cas ou dans la mesure où François de Charette cesserait de pouvoir remplir ses charges ;

e) Que la valeur du lot préciputaire était telle, que non seulement il pouvait fournir les rentes ou allocations, évaluées à 10.400 francs en 1902, et subvenir aux frais ou compenser les soucis d'administration du lot, mais qu'il permettait de faire face à des charges secondaires, acceptées d'ailleurs par le bénéficiaire et relatives à l'entretien des cures et des écoles ou au bon fonctionnement de celles-ci ;

f) Que par toutes ces dispositions et par elles seules se trouvait garantie l'exécution des volontés du baron d'Aubigny par la famille de Charette, bénéficiaire de sa succession, et que l'on ne pouvait et ne peut rien changer à ces dispositions sans rompre la convention de 1902.

II. — LE « PACTE DE FAMILLE »

CHAPITRE XXVIII

VALEUR JURIDIQUE ET MORALE DU " PACTE DE FAMILLE "

Dans sa décision du 24 février 1923, Mᵍʳ Penon, Evêque de Moulins, donne au " Pacte de famille ", dont il fit le point de départ fondamental de cette décision, une valeur juridique qu'il n'a point, et dénature, en la forçant, la portée morale et littérale véritable de ce document.

Il s'exprime en ces termes à son sujet :

« Ayant étudié avec une attention profonde... les rapports, notes et documents fournis par Mᵉ Vivier et de [*sic*] Mᵉ Pruvot, notamment le document notarié appelé " Pacte de famille ", lequel est intervenu entre les cohéritiers, le 3 juin 1902, au moment de la constitution du lot préciputaire, ci-dessus indiqué, en vue de déterminer le sens de l'acceptation par M. François de Charette, des charges d'œuvres qui grèvent ledit lot... » (1).

On est obligé de constater que ce texte, destiné à mettre en lumière *la valeur juridique* et la *portée* du " Pacte de famille ", contient presqu'autant d'erreurs formelles

---

(1) Décision de Mgr Penon, citée plus haut, page 40.

que d'affirmations. Ces erreurs nous donnent occasion de mettre en lumière les vérités ou réalités contraires :

1° Le " Pacte de famille " *n'est pas un document notarié.*

Citons à l'appui du fait, qui est indéniable, la déclaration de Mme François de Charette elle-même :

« Cette pièce n'a rien à voir avec la légalité ; elle n'est signée que de François. C'est une simple lettre, *ni notariée,* ni légalisée, déposée seulement dans le coffre-fort du notaire, pour qu'elle ne s'égare pas » (1).

2° Le " Pacte " *n'est pas intervenu entre les cohéritiers.* Son contenu a été *discuté, rédigé et fixé en l'absence et à l'insu* des cohéritiers, et il n'a été signé que par François de Charette seul.

Cet acte ne saurait donc avoir ni le caractère ni la portée d'un véritable pacte de famille :

a) On ne pouvait, en effet, établir un vrai pacte de famille, ayant valeur juridique, sans l'intervention de tous les membres de la famille intéressés et ayant capacité juridique en l'espèce ;

b) Il faut dire plus. Aucun document quelconque, relatif aux obligations et aux droits des cohéritiers, notamment pour les préciser, les étendre ou les limiter, ne pouvait être constitué et être revêtu d'une valeur morale obligeant en justice et en conscience les co-parties, sans l'avis et le consentement exprès des frères et sœurs de François de Charette ;

c) En effet, la renonciation de ceux-ci à leur part d'héritage, à la mort de leur frère Pierre, avait eu pour unique raison et condition la volonté de faire face plus parfaitement à leurs obligations concernant les œuvres de M. d'Aubigny. Ils avaient donc un droit strict à participer à l'élaboration ou à la fixation des termes d'un *contrat* supplémentaire, nécessairement *bilatéral* ; autrement dit, d'être mis au courant des dispositions nouvelles, relatives à l'accomplissement pratique de leur volonté, et de pouvoir apprécier la valeur de ces dispositions ;

3° Le " Pacte " *n'était pas destiné à déterminer* le sens de l'acceptation par François de Charette des charges grevant le lot des œuvres. Sa raison d'être était principalement de combler une lacune voulue de l'Acte de partage, officiel et public, en mentionnant les charges des œuvres comme étant le corollaire essentiel de l'attribution du lot préciputaire.

En mentionnant ces charges, que François de Charette reconnaissait et devait reconnaître comme contre-partie obligatoire du lot préciputaire qu'il acceptait, le " Pacte de famille " ne pouvait, en droit, que rappeler et confirmer les charges reconnues et acceptées par les cohéritiers, et sans les modifier en quoi que ce soit, sauf le consentement de ceux-ci.

Cette incapacité juridique du " Pacte " à introduire aucune clause *nouvelle* peut expliquer d'ailleurs pourquoi MM. Alain de Charette et François de Charette ont pu,

---

(1) Doc. n. XIV.

en toute loyauté, ne pas juger nécessaire de faire intervenir les cohéritiers dans la rédaction du pacte, ni de leur en soumettre le texte. Ne voyant dans ce document qu'un moyen de suppléer aux lacunes voulues et prudentes — vis-à-vis de la loi civile — de l'Acte de partage, en rappelant l'essentiel des conventions de famille acceptées par celle-ci, ils n'auraient pu admettre, dans leur parfaite bonne foi, que rien, dans les clauses ou les expressions du " Pacte ", pût aller à l'encontre des intentions du baron d'Aubigny et des obligations de la famille de Charette, telles que les avaient reconnues et admises les cohéritiers.

Il faut noter, d'ailleurs, que les clauses ou expressions qui ont pu prêter à des interprétations contraires à l'esprit du testament du baron et de l'Acte de partage, interprétations facilement abusives (1), n'ont été suggérées ni par François de Charette, ni par son père, mais par une personne étrangère à leur famille, et qui pouvait n'avoir pas la même conscience que les Charette des obligations d'honneur qu'ils avaient contractées pour le maintien des œuvres de leur bienfaiteur.

Que si, par impossible, MM. Alain et François de Charette avaient alors admis la pensée qu'il était préférable de ne pas faire connaître le " Pacte de famille " *à la famille*, de crainte que celle-ci en discutât les termes, le Pacte serait dépourvu non seulement de toute valeur juridique — comme il l'est — mais de toute valeur morale ;

4° Le " Pacte de famille " ne contenait pas *tout* « le sens de l'acceptation » faite par François de Charette des charges grevant le lot des œuvres, c'est-à-dire toute la formule précise, complète et détaillée des objets de cette acceptation.

Il n'avait pas à la donner, dans l'esprit du moins de MM. Alain et François de Charette. Autrement, ceux-ci n'auraient pas manqué de soumettre ce document juridique à l'acceptation formelle des cohéritiers.

De fait, il ne la donne pas.

Nous avons prouvé que d'autres obligations que celles « formulées » dans le " Pacte " existaient, légales, celles-là, fondées sur des contrats écrits, et acceptées par les cohéritiers, y compris François de Charette (Voir chapitre VII) ;

5° Le " Pacte de famille " ne contient donc que d'une façon très implicite les diverses obligations du mandataire. Les obligations secondaires, *attachées au maintien des cures et écoles à leur affectation spéciale* étant suffisamment connues, tant des *ayants charge* que des *ayants droit*, il ne parut pas nécessaire de les expliciter autrement, dans un acte privé, dont le but était surtout de reconnaître *les droits essentiels communs aux œuvres et, à leur défaut, aux cohéritiers*.

Ces droits secondaires des œuvres — inclus dans le « maintien des cures et écoles à leur affectation spéciale » — étaient exactement établis par des traditions certaines (droit coutumier) qu'ont voulu maintenir les fondateurs, et qui ont été effectivement maintenues jusqu'à la mort de François de Charette ;

---

(1) Par exemple, pour les textes suivants : « Dans le cas où pour une cause quelconque, et dont je serais seul juge, je ne continuerai pas le versement des allocations... ».

« Je m'engage aussi à conserver aux immeubles . cette affectation spéciale, aussi longtemps que cela sera possible, ce dont je serai seul juge... ».

6° Lors de la proposition d'échange, dont il a été question, Alain de Charette rappelait longuement le détail de ces obligations à son fils Charles (1). Preuve qu'aux yeux de M. Alain, le " Pacte de famille ", également communiqué en cette circonstance à son fils Charles, n'était pas suffisant pour établir ce détail. Preuve encore que ce détail exact se transmettait dans la famille par voie de tradition.

Concluons :

Sans doute, on ne saurait rejeter absolument, sans injure pour la mémoire de M. Alain de Charette et de son fils François, le document dit " Pacte de famille ", dont nous avons démontré cependant le manque de valeur juridique, dont nous avons expliqué le vague, l'imprécision et, jusqu'à un certain point, l'ambiguité.

Mais sa valeur morale doit être rigoureusement limitée par les droits et les devoirs des cohéritiers. On ne peut rien tirer de cet écrit, et on ne *doit* pouvoir rien en tirer, qui aille contre les dispositions fondamentales de la succession d'Aubigny. Un grave devoir de conscience et d'honneur pèse radicalement, il ne faut pas l'oublier, sur toute la famille de Charette, qui, en acceptant le bienfait, a pris également les charges.

On doit donc raisonner ainsi :

Etant donné :

Que tous les enfants de Charette étaient, avant leur renonciation, solidairement responsables des charges afférentes à leur héritage ;

Que leur renonciation était conditionnée par l'acquittement réel et intégral de ces charges ;

Que leur honneur et leur conscience étaient engagés dans l'exécution des dernières volontés de leur bienfaiteur ;

M. François de Charette ne pouvait pas s'attribuer le droit de *juger seul* les causes qui, en dehors du cas d'*impossibilité véritable*, pouvaient motiver la cessation des allocations, si l'on entend par là un droit de changer, par la volonté d'un seul, une situation qui intéressait toutes les parties.

Nous avons vu par ailleurs comment il sut comprendre lui-même cette clause du " seul juge ".

Si les frères et sœurs avaient connu, toutefois, la rédaction du " Pacte de famille ", ils n'auraient pas manqué de la déclarer inacceptable et d'y faire opposition. Dès que M. Charles de Charette la connut, en 1906, lors de la proposition d'échange, il en fut vivement surpris et manifesta nettement à son frère François qu'il n'admettait pas la rédaction de la clause susdite.

Ce " Pacte " ne peut donc, dans sa teneur, engager les cohéritiers que dans la mesure où ils le reconnaissent conforme aux intentions qui ont motivé leur renonciation provisoire, conditionnée à l'héritage de leur frère Pierre.

---

(1) C'est grand dommage qu'un document d'une telle importance, confié à l'autorité diocésaine par M. Charles de Charette, n'ait pu être restitué à son propre dossier. Même perdue, cette lettre fait sa preuve. (Cf. Doc. n. VI).

CHAPITRE XXIX

UNE INTERPRÉTATION ERRONÉE DU " PACTE DE FAMILLE "

M° Sabatier, agissant au nom des ayants droit de M. François de Charette, attribue au " Pacte de famille " un sens qu'il ne peut avoir: de par les termes mêmes de cet acte, François aurait eu le pouvoir, dès qu'il le jugerait bon, de se libérer de sa charge en reversant la somme forfaitaire de 346.666 francs, et de reporter cette charge sur ses cohéritiers. Toutes les ordonnances et décisions épiscopales reposent, en définitive, sur cette interprétation qui, non seulement, est radicalement contraire à la convention de 1902, mais renferme des contradictions manifestes.

§ 1. — CETTE INTERPRÉTATION EST CONTRAIRE A LA CONVENTION DE 1902

Il suffit, pour le prouver, de rappeler les conclusions précédemment établies :

1° Tous les co-fondateurs ont eu l'intention de confier la charge des œuvres et d'abandonner les avantages y attachés, sans esprit de retour, à François de Charette et à ses enfants.

a) Ils peuvent témoigner de leurs intentions, puisqu'ils sont vivants, et nul ne peut se substituer à eux pour donner le vrai sens de leur renonciation à l'héritage de leur frère et de leur adhésion à la convention de partage anticipé, et aucune parole ou écrit de leur part ne peut être opposée à ces intentions.

b) Tous les co-fondateurs voulurent éviter la dispersion des charges. sachant qu'une charge partagée est une charge menacée. Ceci était d'autant plus nécessaire que les œuvres à assurer étaient toutes enracinées sur *une terre* et ne faisaient pour ainsi dire qu'un avec elle. tandis que les cohéritiers restaient dispersés dans diverses régions de la France.

c) La constitution même du lot préciputaire indique cette intention. L'héritier du château d'Aubigny et du lot des œuvres devait être le continuateur d'Alain de Charette, comme Alain l'avait été du baron d'Aubigny.

d) Un document reconnaît cette intention de la façon la plus explicite et l'inconvénient d'une convention contraire : M° Pruvot lui-même écrit : « Les cohéritiers (1) disent qu'ils sont prêts à reprendre le lot préciputaire pour l'administrer au profit des écoles. *Peut-on penser revenir à une propriété collective entre huit ou dix cohéritiers? M. Alain de Charette a voulu éviter cette propriété collective pour éviter la dispersion de la charge sur plusieurs du paiement des sommes stipulées* » (2).

2° Les cohéritiers n'ont *jamais* connu l'obligation d'avoir à reprendre la charge des œuvres selon le bon plaisir de leur frère François ; leur père ne leur a jamais

---

(1) Les frères et sœurs de François de Charette.
(2) Note citée page 32. (Note de M° Pruvot, du 6 février 1923).

manifesté une telle volonté de sa part, et eux-mêmes n'ont jamais consenti à une telle obligation.

3° Le " Pacte de famille " ne dit rien de tel. Même si le " Pacte " stipulait pareille obligation, elle serait de droit nulle et non avenue : un acte unilatéral, dont le contenu est ignoré de l'autre partie, ne peut lier obligatoirement cette autre partie.

§ 2. — Cette interprétation implique contradiction

L'interprétation de M⁰ Sabatier rend le Pacte absurde et contradictoire.

1° M⁰ Sabatier suppose que François de Charette peut se libérer en reversant à la masse 346.666 francs et reporter ainsi la charge des œuvres sur la communauté. *Situation impossible.*

En effet, d'un côté, le " Pacte " inclut dans l'estimation totale du lot des œuvres (346.666 francs) les cures et les écoles, estimées par ailleurs 31.378 francs.

D'un autre côté, le signataire dudit " Pacte " s'engage à deux choses distinctes: 1° à rembourser à ses frères et sœurs, au fur et à mesure que cesseraient les allocations, leur part virile héréditaire sur la somme totale de 346.666 francs ; 2° à maintenir les cures et les écoles à leur affectation spéciale (aussi longtemps que cela sera possible).

De sorte que, *dans l'hypothèse de M⁰ Sabatier*, et à s'en tenir à la lettre du document qui stipule deux obligations distinctes, François de Charette se trouve simultanément obligé à deux choses qui s'excluent réciproquement :

1° *A rembourser* la valeur de *tout* le lot des œuvres, où sont comprises les cures et les écoles ; 2° à *maintenir* ces mêmes cures et écoles à leur affectation spéciale; autrement dit, à la fois, à racheter éventuellement ces cures et écoles (par le versement à la masse des 346.666 francs), et à les maintenir comme fondations territoriales au profit des œuvres.

Pour se tirer de cette contradiction interne, M⁰ Sabatier a recours à un nouveau raisonnement, qui le jette dans une nouvelle contradiction: contradiction, cette fois, avec les clauses les plus formelles du " Pacte ". Il imagine, en effet, que François de Charette, voulant reporter sur ses frères et sœurs la charge qui lui incombe, doit reverser à la masse 346.666 francs. Mais puisque dans cette somme, est comprise la valeur des cures et des écoles qu'il faut maintenir à leur affectation spéciale, il n'a pas à reverser 346.666 francs en espèces : il lui suffit de restituer 31.378 francs en nature — soit les cures et les écoles — et 315.288 francs en espèces. Au terme de cette opération, ce n'est donc plus une somme de 346.666 francs qui est affectée à 10.400 francs de rente, calculés à 3 %, mais 315.288 francs, ce qui est formellement contraire aux stipulations du testament du baron et aux clauses mêmes du Pacte (1).

Une interprétation qui aboutit à de telles contradictions est inadmissible et sans valeur.

2° Enfin, François de Charette s'engage à maintenir aux cures et écoles leur affectation spéciale, *non pas autant qu'il lui plaira de le faire*, mais « *autant que cela sera possible* (2) », ce qui est tout différent.

---

(1) Voir tout ce calcul dans la *Note additionnelle* de M⁰ Sabatier (au rapport du 23 juin 1927), donnée aux Documents sous le numéro XC.

(2) Doc. n. XIII.

CHAPITRE XXX

LE SENS EXACT DU " PACTE DE FAMILLE "

Puisque le " Pacte de famille " fait l'objet de tout le litige, il doit être interprété. Pour que ce " Pacte " ait le pouvoir d'obliger, il doit avoir un sens suffisamment clair et logique, c'est-à-dire s'accordant avec les conventions intervenues entre tous les cohéritiers. Or, ce sens véritable, clair et logique, est facile à établir.

1° Un témoignage de M⁰ Sabatier le met en pleine lumière :

« La loi qui avait spolié les Congrégations, écrit-il, datait à peine d'un an, et on pouvait craindre que de nouvelles lois spoliatrices ne soient édictées contre les écoles et les cures... Il fallait donc que cette convention fût rédigée de manière à ce qu'elle ne pût donner lieu à une revendication de la part d'un liquidateur ou d'un séquestre » (1).

Nous voici en pleine clarté. En effet, aucun document, même privé, ne devait être susceptible de donner prise aux spoliateurs. Il fallait donc que le Maître et Seigneur d'Aubigny pût faire absolument acte de propriétaire, qu'il fût seul juge de la situation et des mesures à choisir pour défendre, pourrait-on dire, ses œuvres ; et, les œuvres tombant sous le coup de la persécution, pour sauvegarder ses droits sur les immeubles affectés à leur usage ou à leur maintien. Il ne devait en rien apparaître le *mandataire* d'un groupe ou d'une pieuse société, ni passer, en aucune manière, pour personne interposée. On ne pouvait donc, dans le " Pacte de famille ", stipuler l'intervention des cohéritiers en prévision de ces événements. D'où les clauses : « Dont je suis seul juge ». Ces clauses, ainsi comprises, sont acceptables, et leur rédaction pouvait être admise sans scrupules par MM. Alain et François de Charette.

2° Interprété de la sorte, le " Pacte de famille ", qui a tout jeté dans la confusion, devient clair et s'avère un instrument non plus absurde, mais logique et acceptable pour tous.

En effet, le " Pacte " prévoit des suppressions partielles et successives d'allocations. Si des lois sans appel viennent à supprimer progressivement les écoles, comme on pouvait l'envisager, au fur et à mesure qu'une école est fermée, son allocation n'est plus fournie. Le local reste aux mains du propriétaire du lot, et sa valeur doit être remboursée aux cohéritiers avec les 9/10ᵉˢ du capital correspondant à l'allocation supprimée, et ainsi de suite, jusqu'à la fermeture forcée et définitive de toutes les écoles.

A ce terme, tous les locaux restent dans le lot préciputaire et *à l'usage de son propriétaire*, puisque leur affectation spéciale est devenue impossible (2). Il doit donc se libérer envers ses cohéritiers pour les 9/10ᵉˢ de *toute* la valeur du lot, et leur rembourser leur part virile héréditaire sur la somme de 346.666 francs, expression exacte, en 1902, de cette valeur, comme le stipule formellement le " Pacte de famille ".

---

(1) Note remise à l'Evêché, le 14 novembre 1922, citée page 24, *in-extenso*.

(2) M. François de Charette s'engageait à maintenir les cures et écoles à leur affectation spéciale, autant que cela *serait possible*.

Ainsi, ce Pacte a un sens clair, logique, conforme aux prévisions et répondant aux craintes communes à tous les co-fondateurs ; il respecte la convention de partage et maintient en leur forme tous les droits et engagements consentis.

Le choix s'impose donc entre deux interprétations du pacte : l'une, contradictoire et contraire aux textes les plus formels; l'autre, logique, claire et conforme aux conventions consenties par les co-fondateurs.

III. — LES ORDONNANCES ÉPISCOPALES

CHAPITRE XXXI

L'ORDONNANCE DE MONSEIGNEUR PENON

L'ordonnance de Mgr Penon repose sur deux bases ruineuses : la première est la fausse déposition de M. le chanoine Lavignon; la seconde est une qualification erronée du " Pacte de famille ".

§ 1. — FAUSSE DÉPOSITION DE M. LE CHANOINE LAVIGNON

1° L'ordonnance de Mgr Penon déclare :

« Ayant ouï particulièrement, dans l'audience précitée, du 6 février (1923), M. le chanoine Lavignon, curé d'Aubigny, qui a vécu dans l'intimité de M. le baron d'Aubigny et de M. Alain de Charette... ».

Par ces termes, l'importance que l'on attache au témoignage et sa qualité sont bien mis en évidence.

En effet, la déposition de M. le chanoine Lavignon eut une influence décisive sur le débat.

M. Lavignon avait affirmé que Mme François de Charette avait dû payer près de 400.000 francs de ses deniers, pour empêcher la saisie du lot préciputaire, *son mari étant mort insolvable* (1).

Une réflexion s'imposait et elle fut faite : Si M. François de Charette avait dilapidé le lot des œuvres, on ne pouvait guère obliger sa veuve à rembourser sa valeur exacte aux cohéritiers. Or, cette déposition était entièrement fausse.

---

(1) Ce sont les termes même que rapporte le *Procès-verbal* de l'audience du 6 février 1923, rédigé par M. le Vicaire général Michel, et reproduit, page 31, *in-extenso*.

2° M. le chanoine Lavignon ayant eu à fournir des explications (1), écrivit à M. le Vicaire général Michel (Doc. n. XCI *bis*) :

« Aubigny, 31 mars 1923.

« MONSIEUR LE VICAIRE GÉNÉRAL,

« J'ai reçu ces jours-ci la lettre de M. Charles de Charette; au lieu de lui répondre directement, je crois préférable de vous la confier, en vous priant de lui transmettre la réponse que je pourrais lui faire.

« Il me semble que ce que veut M. de Charette, ce serait de m'amener à préciser les renseignements que j'ai donnés sur la situation financière de son frère François. Il doit bien supposer que je n'ai pas inventé les renseignements fournis, mais il peut, peut-être, s'imaginer que je me suis basé sur des racontars sans fondement sérieux.

« Je vais donc, brièvement, vous exposer comment je connaissais la situation de fortune au moment de sa mort :

« 1° Par lui-même, par une lettre que j'ai conservée, en 1915, par laquelle il m'annonce « qu'il se voit obligé, en raison des charges que lui a laissées son père, de réduire provisoirement « de 50 % l'allocation de 840 francs qu'il faisait à la cure et au sacristain d'Aubigny ;

« 2° Je savais, par la connaissance que j'avais de ses baux de ferme, qu'il était redevable « à ses fermiers de plusieurs centaines de mille francs (effet de la plus-value des cheptels amenée « par la guerre, ce qui est presque la ruine pour les petits et moyens propriétaires). Il reste à « rembourser deux domaines, environ 100.000 francs :

« 3° Par Mme François de Charette, je savais que son mari avait laissé un passif consi-« dérable, vu l'état de sa fortune. Je savais aussi que, pour éviter une vente possible de la propriété, « ses filles étant mineures, elle avait tenu à payer les dettes laissées par son mari. Elle vient de « me confirmer que ces dettes étaient couvertes par des hypothèques prises sur le bloc de la terre « d'Aubigny, y compris le lot des œuvres qui, légalement, n'en était pas séparé, ce que j'ignorais « au moment de ma déposition, ce qui ne fait que la confirmer.

« Maintenant, que M. François de Charette ait laissé ignorer à son frère Charles cet état de chose, c'est humain ; en général, ceux qui ont des dettes, même honorables, ne tiennent pas à le dévoiler. N'habitant pas la même région, les deux frères pouvaient agir à l'insu l'un de l'autre. Quand Mme François de Charette m'a fait ces confidences sur son état de fortune, elle ne supposait pas que je serais amené par les circonstances à en parler devant le Tribunal de l'Evêché.

« Si je l'ai fait, c'est que j'y ai été amené par la théorie émise par M. l'abbé Chenillat, que M. d'Aubigny avait toujours pensé et désiré que les œuvres des paroisses où il était propriétaire fussent toujours assurées par le revenu de la grande terre qu'il laissait dans ce but à un membre de la famille de Charette.

« J'étais moi-même le confident, comme M. Chenillat, de ce désir, mais ce qu'il n'avait pas prévu, c'est la mort tragique de son héritier qui amena la division en dix parts de la terre d'Aubigny ; la guerre a fait le reste. Actuellement, le lot de M. François de Charette, enchevêtré dans le lot des œuvres, ne répond plus à ce que voulait le baron d'Aubigny.

« Mme François de Charette, qui voulait laisser à ses filles un patrimoine réduit, mais net de charges, a voulu profiter de la clause qui lui permet de libérer sa terre en versant le capital prévu par le pacte de famille.

« Etant appelé à témoigner dans cette affaire qui m'a causé beaucoup de souci, je ne pouvais pas taire ce qui était de nature à éclairer les juges.

« Veuillez agréer......   « LAVIGNON ».

---

(1) M. Charles de Charette avait, en effet, exigé des explications par sa lettre du 26 mars 1923 (Doc. n. XCI).

3⁰ Dans ce document, M. Lavignon prétend connaître, par une lettre de François de Charette, sa situation de fortune. En effet, il écrivait à M. Alain de Charette, le 26 mars 1915 :

« J'ai reçu ces jours-ci un mot de M. François, qui me prévient que pendant la guerre il ne peut que fournir moitié du traitement fourni au curé d'Aubigny et au sacristain » (1).

Cette décision prouverait tout au plus qu'en raison du désordre des affaires, François de Charette pouvait ne pas avoir, momentanément, la disposition de tous ses revenus. Il ne s'en suit pas que le capital fût atteint.

4° M. Lavignon ose dire, cependant, que François de Charette devait plusieurs centaines de mille francs à ses fermiers. Une lettre de François de Charette prouve le contraire. Il écrivait, en effet, le 7 décembre 1914 :

« Soulier, des Poissons, a un fermage de 3.160 francs, dont moitié est 1.580 francs; il versé 1.500 francs; il aurait donc 980 francs de dettes antérieures...

« Belin a payé 1.100 francs sur son demi-terme qui est de 1.700 francs. Donc 500 francs de dettes antérieures, que j'ignorais...

« Dumonceau a payé 400 francs sur 1.124 fr. 25. C'est peu. Là encore, 625 francs de dettes que j'ignorais.

« Soulier, de Villars, paye 1.000 francs sur 2.132 francs. Donc 1.268 francs de dettes antérieures, au lieu de 1.132 francs qui m'étaient connues.

« Robin devait verser 1.650 francs; je lui savais 952 francs de dettes; il les a accrues de 148 francs » (2).

Et dans une lettre de Louis Rabet, secrétaire du Régisseur d'Aubigny, en date du 15 mars 1915 :

« Jacques Soulier aîné, fermier à Villard, se trompe quand il vous dit, Madame, que par un accord spécial les 1.000 francs qu'il avait d'arriéré n'étaient pas en compte... C'est bien comme vous le dites, Madame, la somme de 1.900 francs qu'il vous redoit sur le dit terme de Saint-Martin 1914... » (3).

Quand M. Lavignon prête à François de Charette des dettes envers ses fermiers, il intervertit tout simplement les rôles.

Qui l'avait donc si mal renseigné ?

5° Quant au remboursement des cheptels, tous les agriculteurs savent que la mise de fermage en métayage ne comporte aucune dette, mais constitue, pour le propriétaire, un placement avantageux, ainsi que l'insinuait Mme François de Charette elle-même, le 13 août 1915 (4).

6° Plus loin, il affirme que Mme François de Charette a dû payer les dettes de son mari, ignorées de son beau-frère, M. Charles de Charette.

En réalité, M. Charles de Charette n'ignorait aucunement les deux emprunts

---

(1) Doc. n. XCII.
(2) Doc. n. XCIII.
(3) Doc. n. XCIV.
(4) Doc. n. XCV.

hypothécaires, pris par son frère François sur sa terre d'Aubigny : l'un de 110.000 francs, le 11 mai 1907 ; l'autre de 100.000 francs, le 10 décembre 1913 (1).

Ce dernier emprunt grevait pour une part le lot des œuvres. Tout le monde savait que François de Charette faisait cet emprunt pour acheter des valeurs de caoutchouc, constituant un excellent placement. De fait, ces valeurs ont donné de splendides résultats, passant de fort loin l'emprunt initial.

7° Faire la preuve que François de Charette n'est pas mort insolvable, est la chose la plus facile.

Les capitaux qui lui revinrent, lors du partage de son père, le 7 juillet 1914 (2), furent portés le 28 juillet 1914 à la *Société Générale de Belgique* (3). Il fut mobilisé en 1914 et tué le 22 octobre 1916. A ce moment, on pouvait croire ces capitaux perdus. Mais en 1923, pouvait-on honnêtement l'affirmer ?

8° M. le chanoine Lavignon, témoin des ayants droit de François de Charette, a donc fait, par sa fausse déposition, une grave offense à la mémoire de François de Charette. Il s'en est plus tard excusé (4). Néanmoins, cette déposition pesa lourdement sur la décision de Mgr Penon, qui fut prise avant qu'on n'ait fait la preuve de l'erreur très grave de M. le curé d'Aubigny (5).

Puisqu'on ne peut nier l'importance d'une déposition aussi grave, on ne peut nier davantage l'influence d'une telle erreur sur la décision épiscopale, qui elle-même reste, de ce fait, gravement entachée d'erreur et doit être revisée.

§ 2. — RECTIFICATION ET INTERPRÉTATION ERRONÉES DU " PACTE DE FAMILLE "

1° Le " Pacte de famille " a servi de base principale à la décision de Mgr Penon, qui déclare :

« ... L'Evêque de Moulins ne se croit pas autorisé à revendiquer, en rigueur de conscience, un mode d'exécution du testament de M. d'Aubigny, et de satisfaction des droits qui découlent de ce testament pour son Eglise, différent du mode qui a été établi, *d'un commun accord*, entre les héritiers, par pacte de famille, le 3 juin 1902 ».

2° Or, Mgr Penon donne à ce Pacte une valeur juridique et une vertu qu'il n'a pas. Sur sa valeur juridique, l'ordonnance s'exprime ainsi :

« Ayant étudié avec une attention profonde et une sollicitude vigilante... les rapports, notes et documents..., notamment *le document notarié, appelé pacte de famille, lequel est intervenu entre les cohéritiers, le 3 juin 1902*, en vue de déterminer le sens de l'acceptation par M. François de Charette des charges d'œuvres qui grèvent le dit lot... ».

---

(1) Doc. n. XCVI.

(2) Doc. n. XCVII.

(3) Doc. n. XCVIII.

(4) Doc. n. XCIX.

(5) En effet, la décision remonte au 26 février 1923 ; les lettres explicatives échangées entre M. Charles de Charette et M. le chanoine Lavignon portent les dates du 26 mars, 31 mars et 20 avril 1923. (Doc. n. XCI et XCIX, et Lettre de M. Lavignon à M. le Vicaire général Michel, du 31 mars 1913, citée plus haut, page 91).

Or, nous l'avons établi, ce document n'est *pas un acte notarié*, n'est pas un *Pacte de famille;* il n'est point *intervenu entre tous les cohéritiers, qui en ignoraient le contenu; il n'a été signé que de François de Charette seul; il n'engage que lui et ne peut imposer absolument aucune charge à ses cohéritiers* A LEUR INSU.

3° Partant d'une interprétation erronée du " Pacte de famille ", la décision aboutit à la contradiction, bien manifeste dans les explications de Mᵉ Sabatier, et que nous avons déjà soulignée.

En effet, elle déclare, d'une part, que les immeubles à affectation spéciale, « quoique étant possédés actuellement par les ayants droit de M. François de Charette, doivent être considérés comme biens d'Eglise » ; elle oblige, d'autre part, les cohéritiers à racheter ces immeubles *aux dépens des allocations,* puisqu'elle stipule que le capital remboursé par les ayants droit de François de Charette sera diminué de la valeur de ces immeubles.

Ainsi, contrairement aux dispositions les plus formelles du " Pacte de famille " lui-même et à celles du testament du baron d'Aubigny, ce ne sont plus 346.666 francs qui formeraient le capital des rentes, mais 346.666 — 31.378, soit 315.288 francs.

On arrive donc à frustrer les intentions les plus claires des fondateurs : non seulement on ne restitue pas aux œuvres une valeur effective égale à la valeur du lot des œuvres, estimée, en 1902, 346.666 francs-or, mais on ne restitue pas même 346.666 fr. en monnaie dépréciée.

4" Comme on peut s'en rendre compte par une étude attentive, l'ordonnance de Mᵍʳ Penon est parfaitement juste et équitable, *si le* " Pacte de famille " a la valeur juridique et la portée qu'il lui attribue. Mais, dans le cas contraire, la décision, dans ses prescriptions formelles, manque totalement de base.

5° Le " Pacte de famille " n'ayant pas la vertu de modifier la convention de 1902, dans le sens adopté par Mᵉ Sabatier et accepté par l'ordonnance, ce que Mᵍʳ Penon demande sous forme de " désirs ", *doit être exigé* en conscience, sous forme de *précepte,* notamment en ce qui concerne les articles 4 et 8.

6° De l'article 8, il faut retenir, en tous cas, les conclusions suivantes :

a) Les ayants droit de François de Charette ne peuvent bénéficier du lot des œuvres : ce serait aller contre les intentions de leur père ;

b) Il est difficile, en 1923, de faire vivre les œuvres avec le revenu du capital remboursé au taux du " Pacte de famille " ;

c) Le prix des terres en 1923 est nominalement supérieur au prix de 1902 (en raison de la dépréciation de la monnaie) ;

d) En rachetant une terre au taux de 1902, les ayants droit de François de Charette réalisent donc sur le lot des œuvres et au détriment de celles-ci, un *bénéfice considérable,* contrairement aux volontés de M. Alain de Charette, ainsi qu'aux volontés et droits de tous ses enfants, co-fondateurs avec lui de la convention de 1902.

CHAPITRE XXXII

L'ORDONNANCE DE MONSEIGNEUR GONON

Il reste à examiner avec le plus grand soin cette Ordonnance. Mais toutes les explications données précédemment et toutes les preuves fournies à l'appui, notamment à propos des droits et des obligations des deux parties, font voir suffisamment la faiblesse des considérants qui fondent les principales conclusions de cette décision.

Nous nous bornerons donc à signaler, en suivant l'ordre même de ces considérants, ce qui mérite d'y être particulièrement relevé et réfuté.

§ 1. — LE PRÉAMBULE DE L'ORDONNANCE

Le *Préambule* lui-même, qui a pour but de résumer l'historique de l'affaire, le fait uniquement d'après une Note de M⁰ Pruvot, manifestement incomplète et tendancieuse, en faveur des ayants droit de François de Charette ; il présente — contre toute la réalité des faits dont nous avons fourni les détails — Mᵐᵉ François de Charette comme s'étant conformée entièrement à la sentence de Mᵍʳ Penon, et M. Charles de Charette faisant appel de cette sentence pour l'unique désaccord concernant la " Vieille Cure ". Il semble oublier que l'accord n'avait jamais pu être fait sur la somme définitive à verser par les détenteurs du lot préciputaire, point capital, et que les bases d'un accord sur le reste ne pouvaient être fixées par suite des contrepropositions et restrictions multipliées par ces derniers.

Il manifeste aussi une préférence marquée, et pratiquement à peu près exclusive, pour le témoignage de Mᵉ Sabatier, dont les déclarations ou interprétations successives sont pourtant, nous l'avons vu, contradictoires entre elles et contraires aux faits et aux documents les plus qualifiés.

§ 2. — LES DÉCLARATIONS

Première déclaration de l'Ordonnance:

a) Contre l'assertion de Mᵉ Sabatier, adoptée d'autorité par l'Ordonnance, on doit reconnaître que ni M. Alain de Charette, dépositaire des intentions du baron d'Aubigny, ni ses enfants, co-fondateurs de la convention de 1902, n'ont eu pour but premier, en prélevant sur la masse le lot des œuvres, la reconstitution de la terre d'Aubigny. A la déclaration contraire, récente et sans preuves de Mᵉ Sabatier, les cohéritiers opposent le démenti le plus formel. N'ayant pas été purement passifs, mais réellement actifs dans la convention de 1902, aucun témoignage ne peut se substituer au leur pour connaître des intentions qui dictèrent leur conduite lors de l'Acte de partage.

Nul, au surplus, ne serait sans doute mieux qualifié, pour préciser les *intentions* du baron d'Aubigny, que son conseiller intime, M. le chanoine Chenillat, qui fut d'ailleurs appelé à signer l'Acte de partage, et il est peu vraisemblable que les " Conseils d'ecclésiastiques ", dont se plaignirent les héritiers naturels du baron, se soient employés à écarter ceux-ci pour une autre raison qu'une raison d'intérêt spirituel (les œuvres).

En un sens tout contraire à celui de M⁰ Sabatier, adopté par l'Ordonnance, sans tenir un compte suffisant des témoignages et des assertions des personnes les plus qualifiées, M. Alain de Charette, d'accord avec ses enfants, voulut reconstituer, entre les mains de son mandataire, un fief territorial, *surtout en vue* de l'accomplissement de son mandat : le fait d'être le maître d'une terre est évidemment la première condition pour exercer sur cette terre une influence religieuse durable. *La fin principale* de M. Alain de Charette, conforme aux intentions du baron d'Aubigny, était donc bien le maintien des œuvres; *la fin secondaire*, qui prenait ainsi rang de moyen, *était le maintien* de la terre.

Faire de la fin le moyen et du moyen la fin, c'est renverser et fausser entièrement la situation. Dans sa dernière déclaration — d'ailleurs contradictoire des précédentes — M⁰ Sabatier a opéré le renversement, et la décision de l'Ordonnance s'en trouve faussée.

b) L'Ordonnance assure, en outre, que le " Pacte de famille, « malgré ses *apparences* d'acte unilatéral, est le complément de l'acte de donation par partage anticipé ». — Son caractère de « complément de l'acte de donation » ne saurait lui enlever celui d'acte véritablement et non « apparemment » unilatéral.

c) « Il représente bien les intentions de M. Alain de Charette ». — Oui, mais nous avons surabondamment prouvé qu'il ne représente pas *toutes* ses intentions. Et en outre, il s'agit de savoir *quelles* intentions peuvent représenter exactement la clausule « dont je serai seul juge »; et ce ne sont pas celles de l'interprétation Sabatier.

d) « Si [le bénéficiaire du lot] ne verse plus les rentes, il restituera à ses cohéritiers un capital déterminé, *par lequel ceux-ci, solidairement, rempliront les charges imposées par le fondateur* ». — L'Ordonnance ne fait que reproduire ici, docilement, en la transformant en précepte, l'affirmation gratuite de M⁰ Sabatier, affirmation que ne peut appuyer *aucun document*, pas même le texte du " Pacte de famille ", ni aucune trace de déclarations verbales des auteurs de l'Acte de partage.

Deuxième déclaration:

a) Il est vrai que François de Charette n'était pas le simple *gérant* du lot, et qu'il en était le propriétaire *réel*. Mais nous avons prouvé qu'il n'en était pas le propriétaire « absolument ». Ce titre de propriété était lié, dans son origine même, à des conditions et obligations formelles, en particulier à l'obligation d'être éventuellement *racheté*, pour demeurer *légitime*, aux cohéritiers, en cas de non exécution des charges qu'il comportait.

b) Nous avons vu que François de Charette, personnellement, l'interprétait ainsi, en se reconnaissant responsable de son mandat envers ses frères et sœurs, et en déclarant ne pouvoir rien changer définitivement, sans leur avis, aux conditions existantes de la gestion du lot.

On avance une affirmation gratuite en laissant entendre que François de Charette ne se croyait obligé, *en conscience*, qu'à verser les rentes prévues dans le " Pacte de famille "; comme si, en s'acquittant des *charges complémentaires*, comme il le fit toujours, à l'exemple de M. Alain de Charette, tant qu'il administra *personnellement*, il ne croyait pas remplir un *devoir* de conscience, attaché à la possession du lot préciputaire.

En ce qui concerne les allocations, dette stricte et précise, jamais le capital terrien correspondant n'a été déficitaire. Elles ont pourtant été diminuées pendant dix-huit mois, et la différence ne fut point remboursée. Ensuite, elles ont bien été relevées, mais seulement jusqu'au chiffre *nominal* de 1902, alors qu'elles ne correspondaient plus ainsi ni à la valeur du *revenu réel* du capital terrien *sur lequel elles furent calculées*, ni à la cherté de la vie.

Tous les *bénéfices* réalisés *de ce chef* sur un lot de plus de 225 hectares se sont fait au profit des mandataires et au détriment des écoles. Il ne faut donc pas jouer sur le mot *bénéfice*. François de Charette s'est toujours personnellement interdit *un tel genre de bénéfices*, une telle exploitation de la « lettre » du " Pacte de famille " certainement contraire à la volonté de M. Alain de Charette de ne point faire servir le lot des œuvres à avantager son titulaire.

c) Il est vrai que d'après le " Pacte de famille ", si les rentes ne sont plus versées, « ce n'est point le lot préciputaire lui-même qui est restitué ». Mais il est illogique et abusif de *conclure* de là — nous l'avons démontré — que le capital à restituer *à sa place* est forfaitaire. Il a, tout au contraire, un sens et une valeur essentiellement *représentatifs:* il doit toujours représenter la valeur de ce lot, à laquelle auront toujours droit les cohéritiers, à titre de part d'héritage.

d) « Le propriétaire du lot préciputaire a donc l'obligation de certaines charges, mais il est bien propriétaire de ce lot ». — Oui, mais il cesse de l'être *légitimement*, devant sa conscience, lorsqu'il ne remplit pas les conditions essentielles auxquelles ont été subordonnées et la création et l'acceptation de ce lot.

C'est bien ce que pensait, en 1906, M° Sabatier, lorsqu'il écrivait, le 13 mai de cette année, à M. Alain de Charette: « M. François s'est engagé par un écrit sousseing privé, comme condition à la donation préciputaire à lui faite, à continuer les œuvres du baron d'Aubigny » (1).

Troisième déclaration:

L'expression « lot des œuvres », contrairement à ce qu'avance l'Ordonnance, a une signification claire, exacte et absolue, car la raison d'être de ce lot fut uniquement l'intérêt des *œuvres*, auxquelles son revenu devait et doit répondre.

L'expression « dépôt de famille » a aussi une signification très obvie, car, d'une part, c'est dans l'honorabilité parfaite et les traditions de la *famille* de Charette que le baron d'Aubigny a vu la garantie de l'exécution de ses volontés, et, d'autre part, dans l'Acte de partage, *tous les membres de la famille* sont intervenus, pour mieux faire face à leurs obligations *communes*, en en confiant l'exécution à un membre de la famille.

---

(1) Doc. n. III.

Quatrième déclaration:

La proposition d'échange ne vient pas à prouver, nous l'admettons fort bien, que le détenteur du lot préciputaire ne serait pas propriétaire réel de ce lot. Mais elle prouve — et c'est ce qui importe ici — que ce lot ne constituait pas, plus en fait qu'en droit, un avantage personnel pour son titulaire, et que les ressources de ce lot correspondaient à ses charges, et réciproquement.

La raison d'être du projet d'échange était d'ailleurs uniquement de pourvoir plus pratiquement à l'administration des œuvres.

Cinquième déclaration:

Toutes les considérations suggérées par les notes de Mᵉ Sabatier et de Mᵉ Pruvot, et reprises par l'Ordonnance, pour *déprécier* le revenu *actuel* du lot des œuvres, pour priver celles-ci de la valeur *réelle* de ce revenu, en ne leur attribuant même pas le capital *nominal fixé en 1902* par le " Pacte de famille " (puisqu'on prétend en déduire la valeur des cures et écoles (1), sont contredites par les faits et les documents qualifiés.

Notons seulement, ou rappelons que :

a) Si « le revenu actuel du lot est plus considérable », la cause n'en est pas, « pour une part importante, dans les améliorations apportées par l'industrie et le travail du propriétaire », lequel d'ailleurs a lui-même déprécié le lot en vendant des bois sans en tenir compte à l'actif du lot, vente dont l'Ordonnance fait totalement abstraction. Le lot fut livré en très bon état de rapport, et devait y être maintenu. Mais on persiste à vouloir ignorer que le franc-papier ne représente plus que 0 fr. 20 en francs-or ; que si la valeur de la terre ou du moins de certaines terres, n'a pas augmenté dans la proportion de cinq pour un, sa valeur nominale a été néanmoins notablement accrue, et enfin que la valeur appréciée dans l'Acte de partage fut une valeur vénale minima (2). C'est là la source « la plus importante », sinon unique, de la hausse *nominale* des revenus actuels, compte tenu des impôts et des frais d'administration.

On semble aussi oublier que l'administration du *lot des œuvres* a sa compensation dans la jouissance du château et de ses dépendances, ainsi que dans l'excédent des revenus que le maintien des œuvres n'exige point.

b) Sans doute, « le lot des œuvres n'échappe pas aux vicissitudes de la plus-value et de la moins-value », mais l'écart entre l'une et l'autre est normalement négligeable. D'ailleurs, nous ne sommes pas ici en face d'un phénomène de plus-value, mais, d'une part, en présence d'une valeur *réelle* à peu près stable, et, d'autre part, en face d'une monnaie extraordinairement dépréciée, dont il faut se servir néanmoins pour évaluer actuellement ladite valeur.

Le capital stipulé par l'Ordonnance n'est même plus le capital prévu formellement par le " Pacte de famille ". Si ce capital peut produire, avec le taux actuel de l'argent placé, un revenu *nominalement* supérieur à celui d'avant-guerre pour la même

---

(1) Article 4 des décisions de Mgr Gonon.

(2) L'immeuble du Moulin-Péqut, estimé 6.000 francs dans l'Acte de partage, fut vendu, sur la fin de 1922, par les propriétaires du lot, pour 25.000 francs, et le propriétaire actuel en trouverait acquéreur, dit-on, pour 35.0001

somme, ce revenu devient très notablement inférieur aux 10.400 francs-or prévus par le Pacte, et est tout à fait insuffisant pour assurer les charges pour lesquelles a été constitué le lot des œuvres.

Il conviendrait donc, en stricte justice, pour répondre aux intentions des fondateurs, sinon de quintupler le chiffre fixé par le " Pacte de famille ", du moins de recourir à une nouvelle expertise du lot des œuvres, *tel* qu'il a été constitué par M. Alain de Charette.

L'Etat autorise, en effet, la révision des contrats stipulés aux taux d'avant-guerre. Quotidiennement, les tribunaux revisent ainsi les baux consentis, avant 1914, à des taux qui ne correspondent plus aux réalités actuelles.

Sixième déclaration:

Si parmi les immeubles à « affectation spéciale », c'est-à-dire à utilisation directe par les œuvres, on peut discuter sur le cas de la " Vieille Cure ", on ne saurait le faire pour le " Pré Sebraud ", dont la destination a été précisée comme devant assurer l'indépendance des occupants de l'*école* d'Augy, contre tout voisinage gênant.

Ce qui est surtout indiscutable, et qui n'est point rappelé dans l'Ordonnance, c'est que ces deux immeubles ont été attribués formellement par M. Alain de Charette, dans l'Acte de partage, au *lot préciputaire*, et par suite, de fait, au " lot des œuvres ".

Aussi, lorsqu'au § 7, l'Ordonnance félicite les ayants droit de François de Charette d'avoir « offert, dans un *louable* esprit de transaction, de verser le prix de vente du pré Sebraud », omettant d'ajouter: « Moyennant la conservation de la Vieille Cure », elle les félicite de restituer (en valeur)..... *un immeuble* sur les *deux* qu'ils avaient soustrait au lot des œuvres !

Septième déclaration:

a) En affirmant ou déclarant « que M. François de Charette a rempli les obligations qu'il avait assumées en acceptant le lot préciputaire », l'Ordonnance semble passer à côté de la question. Il faudrait modifier et compléter ainsi, comme nous l'avons amplement démontré dans l'histoire et dans la discussion des événements se rapportant au temps de Mgr Penon :

« M. François de Charette a rempli les obligations qu'il avait assumées... *tant qu'il administra* directement le lot préciputaire. Mais depuis sa mobilisation et surtout depuis sa mort, *ses ayants droit n'ont pas rempli* les obligations que François de Charette avait assumées ».

Ce n'est pas François de Charette, mais ses ayants droit, qui sont responsables de la fermeture progressive des écoles de la terre d'Aubigny. De même que, malgré leurs propositions « d'entretenir complètement » l'école d'Aubigny, ils seront responsables de sa fermeture imminente pour n'avoir pas consenti à faciliter, par une rémunération nécessaire, la venue d'une titulaire capable de remplir le poste de façon satisfaisante (1).

---

(1) En effet, en 1925, vu l'insuffisance de la maîtresse de l'école libre, la population réclama l'ouverture d'une école laïque, qui fut accordée.

b) L'ordonnance ajoute : « Les difficultés exceptionnelles de la guerre l'amenèrent à réduire momentanément les allocations; mais une *compensation de cette réduction fut fournie* dans la suite par ses ayants droit ».

Nous ignorons absolument sur quels *dires* ou sur quels *documents* on a pu établir cette affirmation. Si des assurances verbales ou des comptes écrits ont été fournis à l'autorité diocésaine, il est regrettable que la partie adverse n'ait pas été admise à les contrôler et à discuter les témoignages.

Nous aimons penser qu'on ne considère pas comme une compensation, en ce qui concerne le pré de Couzon, la proposition inacceptable qui a été faite. Quant au cas le plus grave, celui d'Augy, on sera édifié sur la « compensation fournie », en lisant la lettre de l'instituteur Gravelat, du 18 septembre 1921 (1). On lui devait 2.425 francs, on lui en proposa 900, puis 1.000. En date du 22 août 1928, il écrit : « M° Pruvot m'a versé 1.200 francs (pur M° Bardet), en avril 1922, alors qu'il m'était dû 2.425 francs ».

c) Quant au texte (arrangé) du faux " Pacte de famille ", répandu par Mme François de Charette (2) et qui était antérieur à l'Acte de partage, nous remarquerons simplement :

Que Mme François de Charette connaissant l'existence du Pacte authentique. déposé chez le notaire, il était élémentaire, si on voulait en répandre des copies pour se justifier et pour discréditer les autres membres de la famille avec l'interprétation qu'on en donnait, de faire prendre copie *de l'authentique* chez le notaire.

Que par hasard, le texte du faux Pacte mis en circulation modifiait gravement, en faveur des ayants droit de François de Charette, le titre de propriété du lot, en lui donnant un caractère absolu qu'il n'avait pas, puisque ce lot était qualifié « *legs* », purement et simplement; qu'il était plus étrange encore que dans les copies répandues du faux pacte, on ait régulièrement omis quatre mots « *et aux legs pieux* », qui, précisément, ne manquaient pas d'une certaine importance; que de toute manière il était au moins incorrect d'ajouter sur l'Acte *ni signé, ni daté*, et, sur ses copies, une signature et une date [d'ailleurs inexacte], qui ne se trouvaient pas sur le document.

Pour conclure, l'expression « gratuitement injurieuse » que nous lisons dans l'Ordonnance, méconnaît la gravité des faits qui fondent amplement les justes récriminations des cohéritiers.

Huitième déclaration:

a) « Les immeubles affectés aux cures ne semblent pas leur avoir été donnés en toute propriété ». Nous le concédons, tout en observant qu'il faut en dire autant des écoles, les unes et les autres se trouvant unies sous la dénomination « immeubles à affectation spéciale ».

Mais on n'a nullement le droit de conclure de leur destination spéciale, que leur valeur doit être *déduite du capital* alloué aux allocations, en cas de restitution aux cohé-

---

(1) Doc. n. XLIV.
(2) Doc. n. IV.

ritiers. Cette conclusion est *formellement* contraire, nous l'avons constaté, et c'est de toute évidence, aux stipulations du " Pacte de famille ". Elle est, il est vrai, l'aboutissement logique de la *fausse* interprétation de ce pacte, imaginée sur le tard par M° Sabatier, et l'Ordonnance fut amenée à l'adopter avec le reste de la thèse.

b) L'Ordonnance estime que « ce serait passer outre aux dernières volontés du baron d'Aubigny que de distraire, soit momentanément, soit pour toujours, de leur destination, les immeubles affectés aux *écoles* »; et elle ajoute: « Sans la permission de l'autorité ecclésiastique, juge suprême en l'espèce des nécessités majeures ».

Nous ne nous opposons pas à l'appréciation contenue dans la première phrase.

Quant à la seconde, rappelons les expressions du " Pacte de famille " :

« Je m'engage aussi à conserver aux immeubles affectés aux cures et aux écoles, compris dans le lot qui m'a été attribué par préciput et hors part, cette affectation spéciale, aussi longtemps qu'il sera possible, ce dont je serai le seul juge ».

Il nous paraît ressortir de ce texte que les écoles [et les cures] ne pourront être privées de leur destination que sauf le cas d'*impossibilité* de maintenir cette destination. Mais de cette impossibilité, le mandataire (ici, François de Charette) sera le *seul* juge, sauf à justifier sa conduite, s'il y a lieu, *auprès de ses cohéritiers,* « vis-à-vis desquels il est responsable » de son mandat.

L'autorité ecclésiastique ne semble donc pas avoir qualité pour intervenir, du moins de plein droit, dans ces obligations de famille.

Il est aussi à remarquer que, d'après le " Pacte de famille ", l'usufruit des parcelles affectées aux œuvres, *au même titre* que celui des immeubles scolaires, pouvant revenir *de plein droit,* éventuellement, au propriétaire du lot et aux cohéritiers, le canon 1497, en l'espèce, ne s'applique pas à ces biens. Le canon 1497 parle, en effet, des *biens ecclésiastiques,* et l'Ordonnance, en son article 2, va dire elle-même qu'il ne s'agit pas ici, « à proprement parler de biens ecclésiastiques ».

§ 3. — LES CONCLUSIONS DE L'ORDONNANCE

L'examen critique que nous venons de faire des considérants de l'Ordonnance nous dispense de qualifier les conclusions qui en découlent.

Nous terminerons toutefois par deux observations se rapportant aux articles deuxième et quatrième, sur la question des « biens d'Eglise », et sur celle du transfert des charges aux cohéritiers par le mandataire.

A. — LES IMMEUBLES DU LOT DES ŒUVRES : BIENS D'EGLISE

a) L'Ordonnance, tout en décrétant la nécessité d'une permission de l'autorité ecclésiastique, pour aliéner ou louer « les immeubles à affectation spéciale », déclare que ces immeubles « *ne sont pas,* à proprement parler, des biens ecclésiastiques... ».

LES AYANTS DROIT de François de Charette avaient dénié à ces immeubles et surtout au lot des œuvres, en général, le caractère de biens d'Eglise, mais pour en tirer la conclusion (opposée à celle de M⁹ʳ Gonon, comme à celle de M⁹ʳ Penon) qu'ils pouvaient en disposer librement, comme propriétaires « absolus ».

M⁹ʳ PENON avait jugé, au contraire, que ces immeubles doivent être considérés comme biens d'Eglise (Canon 1497) et qu'ils ne peuvent donc être aliénés sans autorisation canonique régulière.

b) LES COHÉRITIERS, envisageant la fin religieuse des obligations liées à la succession du baron d'Aubigny, étaient surtout frappés par la destination ecclésiastique du lot des œuvres. Ils considéraient donc que toute modification importante — aliénation ou échange — apportée audit lot, engageait les intérêts de l'Eglise elle-même: ils furent ainsi amenés à considérer ces immeubles comme biens d'Eglise, ou tout au moins à les tenir, *au sens strict*, comme un « dépôt sacré » (1), expression maintenue seule d'ailleurs dans la réponse faite par M. Charles de Charette aux *considérants* de l'Ordonnance.

c) En réalité, il s'agit, dans la constitution du lot des œuvres et des obligations qui s'y rattachent, d'une œuvre pie, mais non d'une *donation à l'Eglise*. Les héritiers de la famille de Charette ont seuls la responsabilité directe de faire face aux obligations d'honneur qui découlent de l'acceptation de l'héritage d'Aubigny, mais ces obligations sont d'autant plus graves que leur objet, voulu par le bienfaiteur et testateur, est de caractère *religieux*, et intéresse indirectement l'Administration *ecclésiastique*.

D'où le recours à l'autorité ecclésiastique, non seulement parce que le litige porte sur une obligation de conscience, dans une affaire qu'il y a intérêt moral à ne point porter, autant que possible, devant les tribunaux civils, mais aussi parce que les œuvres religieuses du diocèse sont intéressées dans la question.

B. — TRANSFERT DES CHARGES AUX COHÉRITIERS PAR LA VOLONTÉ DU MANDATAIRE

Ce prétendu droit du titulaire du lot préciputaire de *transporter ses propres charges et obligations sur les cohéritiers, le jour où il lui plairait de ne plus les remplir*, est, nous l'avons vu, une pure invention de Mᵉ Sabatier, que ne saurait justifier ou appuyer aucun document, et qui est contraire à toute l'histoire de l'Acte de partage.

Cette clause *bilatérale*, contraire à l'esprit de l'Acte de partage et absente du ¨ Pacte de famille ¨, n'a jamais été *ni prévue, ni admise* par les cohéritiers de François de Charette, ni du reste par François de Charette personnellement, jusqu'à preuve du contraire (qui n'a pas été faite, et pour cause).

Les conclusions de l'Ordonnance, qui en adoptent le bien-fondé sur le *seul* témoignage, sans preuves, de Mᵉ Sabatier, sont d'autant plus irrecevables par les cohéritiers que, en outre, aux termes de l'Ordonnance :

a) La somme stipulée par le ¨ Pacte de famille ¨ pour les allocations est diminuée de toute la valeur des cures et écoles, contrairement à la lettre même du Pacte ;

---

(1) Expression de M. Alain de Charette lui-même, dans une lettre à son fils Charles (Doc. n. VI).

b) Cette somme, même intégrale, ne représente plus la valeur du lot terrien, dont la valeur *réelle*, c'est-à-dire estimée en monnaie actuelle, est la base essentielle et radicale des revenus nécessaires au maintien des œuvres ;

c) Les écoles étant tombées, les sommes exigées pour leur relèvement seront beaucoup plus grandes que ne comportait la simple continuation d'œuvres existantes ;

d) Les écoles étant tombées sous la gérance de mandataires responsables vis-à-vis des cohéritiers, les frais de relèvement devraient être supportés par les mandataires responsables ;

e) La somme que l'on prétend transmettre aux cohéritiers ne suffirait même pas à soutenir les œuvres et rendrait à ceux-ci leur tâche impossible ;

f) Il est contraire à la justice, vu que les moyens de respecter les intentions du Baron *existent*, avec le lot préciputaire estimé à sa valeur actuelle, que ces moyens soient *détournés de leur fin* au profit *personnel* du mandataire, contre l'*honneur* et les *droits* des héritiers du nom de Charette, et au détriment des œuvres.

IV. — CONCLUSIONS

1. — Les frères et sœurs de Pierre de Charette, qui recueillirent la succession du baron d'Aubigny, avec la charge des œuvres qui y était attachée, ne renoncèrent à leurs droits légitimes immédiats sur l'héritage de leur frère Pierre, et ne consentirent à la constitution d'un lot préciputaire hors part que pour mieux assurer le maintien des œuvres du baron d'Aubigny, dont ils étaient devenus solidairement responsables.

2. — Par l'Acte de partage, les cohéritiers n'ont donc renoncé à leur droit légal et absolu sur leur part du lot préciputaire, et plus précisément sur le *lot des œuvres*, que dans l'unique intention d'assurer les œuvres. La disposition essentielle et l'unique raison d'être de la convention était que le lot des œuvres servît, et servît exclusivement, au maintien des œuvres.

3. — François de Charette fut choisi par son père, M. Alain de Charette, pour assurer ce mandat, quand celui-ci cesserait de le remplir. A ce titre, et *à cette condition*, François de Charette devint propriétaire du lot préciputaire hors part.

4. — De ce lot préciputaire fut distrait, d'un commun accord, une parcelle comprenant le château d'Aubigny et ses dépendances immédiates, maisons, parc, prés, au profit exclusif du mandataire, en compensation de sa charge même de mandataire. Ceci sans esprit de retour, sauf nouvelles conventions possibles entre tous les cohéritiers.

5. — Le reste du lot fut considéré par tous comme consacré essentiellement au seul profit des œuvres. Les œuvres étant assurées, la convention n'excluait pas, semble-t-il, les profits accidentels, comme elle pouvait imposer des pertes accidentelles.

6. — La cession du lot des œuvres par les cohéritiers à leur mandataire fut subordonnée à des conditions strictes, mais elle fut faite sans esprit de retour par les mandants, tant que le maintien des œuvres demeurerait possible et serait assuré.

Personne n'envisagea que François pût revenir en quelque sorte sur son acceptation des conventions de l'Acte de partage, en se démettant de sa mission et de ses obligations, alors qu'il aurait tous les moyens de les remplir, et que la responsabilité immédiate de ces charges, que l'on avait voulu concentrer sur une seule tête, fût reportée sur la communauté.

La convention qui avait abouti à la constitution d'un lot hors part n'avait eu, précisément, qu'un but : éviter cette dispersion des charges, qui rendait plus difficile leur bonne exécution.

7. — La prétention de reporter la charge des œuvres sur la communauté est le fait *des ayants droit* de François de Charette. Cette prétention est nouvelle. Elle ne repose sur aucun texte, aucune stipulation verbale ; elle est contraire à la nature même des arrangements conclus en 1902 ; elle ne s'appuie que sur une interprétation tendancieuse et antijuridique du document dit " Pacte de famille ".

9. — Tous les co-partageants entendaient garder leur droit radical sur ce " lot des œuvres ", et rentrer dans leurs droits héréditaires sur ce lot, reconnus d'ailleurs par le " Pacte de famille ", dès que le maintien des œuvres prévues deviendrait *réellement impossible*.

Mais dans leur esprit, et par un sentiment de juste respect pour les préoccupations religieuses et charitables qui avaient guidé M. d'Aubigny dans l'attribution de sa succession à une famille capable de s'en inspirer fidèlement, les enfants d'Alain de Charette considéraient et considèrent ce lot comme un « dépôt sacré », se croyant moralement obligés d'en consacrer le revenu, en tout cas, aux œuvres pies.

Toutefois, cette obligation que se reconnaissent les frères et sœurs de François de Charette ne semble pas résulter des intentions de M. d'Aubigny, qui a voulu doter certaines œuvres individuelles et précisées, spécialement sur les terres dont la Providence l'avait fait comme l'administrateur responsable devant elle.

10. — Devant la carence des mandataires actuels, d'une part ; devant la possibilité matérielle de s'acquitter du mandat, et la persistance du moyen prévu pour cela par les cohéritiers eux-mêmes (lot préciputaire), d'autre part, les frères et sœurs de François de Charette sont et se croient tenus solidairement à relever le mandat.

Ce n'est pas toutefois en vertu du " Pacte de famille ", que ce devoir leur incombe, mais simplement en vertu de leur acceptation de l'héritage du baron d'Aubigny.

11. — Ayant l'obligation de pourvoir au maintien ou au relèvement des œuvres attachées à leur acceptation de l'héritage dont ils jouissent encore, ils ont le droit correspondant de récupérer le moyen qu'eux-mêmes ont établi et réservé à cette fin, ce moyen ayant été prélevé sur l'héritage commun.

12. — Des événements extraordinaires et imprévus ayant enlevé toute leur signification primitive aux évaluations de 1902, il parait souverainement équitable de refaire l'estimation du lot des œuvres, en prenant pour base proportionnelle (valeur vénale minima ou déclarée) le barême de 1902 et d'attribuer au relèvement et au maintien des œuvres voulues par le baron d'Aubigny la valeur ainsi estimée à dire d'expert.

13. — Rien ne devant être distrait ou aliéné du lot des œuvres au profit des mandataires, il devrait être tenu compte, pour l'estimation complète du lot, des parcelles de terre vendues, ainsi que des coupes de bois industriel, réalisées sur le " lot des œuvres ", pour les sommes perçues par les mandataires à leur profit.

14. — Les héritiers de Pierre de Charette se considérant, en vertu du testament du baron d'Aubigny et de l'Acte de partage, comme les seuls directement responsables de l'accomplissement des volontés du baron d'Aubigny et de la fidèle administration des œuvres confiées à leurs soins, la nécessité où ils se trouvent de pourvoir de nouveau à un moyen pratique de s'acquitter de leurs obligations communes, les conduit à envisager de nouvelles conventions.

L'intérêt même des œuvres à restaurer, et en même temps, par suite de certaines circonstances de famille (dispositions manifestées par M. de Crousaz; absence de postérité), celui du maintien de l'intégrité de la terre d'Aubigny, conformément aux intentions du baron d'Aubigny, confiées à la fidélité de la famille de Charette, feraient désirer aux membres de celle-ci que le lot des œuvres lui-même soit transféré aux membres de la famille, qui constitueraient une société civile à cet effet.

Un règlement amiable interviendrait au sujet des parcelles déjà aliénées par les mandataires actuels et les ventes de bois, comme pour le remboursement des cheptels ; et le château d'Aubigny, avec ses dépendances, resterait la propriété absolue de son possesseur actuel.

Que si le lot des œuvres lui-même n'était pas restitué aux cohéritiers ou à la société civile formée par leurs soins, la valeur totale du lot, estimée comme il a été dit plus haut, leur serait restituée.

15. — Deux autres solutions paraissent devoir être rejetées :

a) La substitution d'un nouveau mandataire unique aux ayants droit de François de Charette et faisant partie de la famille. Cette combinaison, idéalement la meilleure, semble, dans les circonstances actuelles, absolument impossible ;

b) Transmettre à l'Evêché de Moulins et les obligations et les moyens matériels d'accomplir les intentions de M. d'Aubigny.

Ce serait transmettre à l'Eglise, d'autorité, avec les charges, des biens qui ne lui appartiennent pas, mais appartiennent aux membres de la famille de Charette.

En outre, celle-ci se croit tenue d'honneur d'accomplir elle-même la mission que son bienfaiteur lui a confiée, tant qu'elle profite du bienfait. Aussi n'est-elle pas disposée à renoncer au droit légitime d'héritage qu'elle conserve en commun sur le " lot des œuvres ", ou, à son défaut, sur la valeur de ce lot, non plus qu'au droit de veiller elle-même à l'acquittement de ses obligations.

UNE OBJECTION

Une objection se présente, sérieuse de prime abord. D'une lettre de la Révérende Mère Saint-Joseph, il résulte que les cohéritiers de Mme François de Charette ont accepté en *substance* la sentence de Mgr Penon, que les débats subséquents n'ont porté que sur des points secondaires.

Cette acceptation d'une décision purement administrative, faite dans un but de conciliation et par déférence envers l'autorité diocésaine, ne peut être en rien comparée à *l'exécution obligatoire* d'une sentence *judiciaire*. Elle fut un acte libre, comportant une renonciation *volontaire* à ce que les cohéritiers estimaient et continuaient d'estimer leur droit. Ils maintenaient, en effet, que, nonobstant leur acceptation, ils considéraient le lot préciputaire comme un dépôt destiné à faire vivre les œuvres, et la somme de 346.666 fr. (en monnaie dépréciée) comme très inférieure à la valeur du lot.

A ce sujet, Mère Saint-Joseph s'exprime en ces termes, dans sa lettre du 22 avril 1924 :

> Vous bénéficiez du lot préciputaire hors part, qui n'était qu'un dépôt destiné à faire vivre les œuvres. Si, en 1902, son revenu suffisait à faire vivre les écoles stipulées par le testament de M. le baron d'Aubigny, actuellement le revenu de ce lot permettrait encore de maintenir ces écoles, tandis que le revenu de 346.666 francs n'y suffirait plus (1).

Cette renonciation volontaire était liée à l'exécution de toutes les conditions impératives à la charge de Mme François de Charette. Ces conditions n'étant pas remplies, comme le prouvent la réponse de Mme François de Charette à Mère Saint-Joseph (2) et la lettre de M. le Vicaire général Michel, du 10 juillet 1924, commentée à la page 46 (3), enfin le conseil donné par Monseigneur l'Archevêque de Sens d'avoir recours à l'officialité, toutes ces considérations obligèrent les cohéritiers à reprendre l'affaire au fond, comme en fait foi le rapport de M. le Vicaire général Meilleroux qui reconnaît le bon droit de ce recours. De plus, les cohéritiers savaient combien la fausse déposition de M. Lavignon avait paru influencer la décision épiscopale.

---

(1) Document C. Lettre de Mère Saint-Joseph à Mme F. de Charette.
(2) Document CI. Lettre de Mme François de Charette à Mère Saint-Joseph.
(3) Cette lettre figure aux Documents sous le n° LXXIII.

IMPRIMERIES
FORTIN
NEVERS - PARIS

1929